日本近代図書館学叢書 5

図書館の統計

小畑 渉――著

慧文社

「日本近代図書館学叢書」の刊行にあたって

インターネットの普及によって情報の発信・入手が容易になり、ネットワーク化が加速度的に進んでゆく現代。このような時代の中、図書館はどこへ向かえばいいのか。知の集積かつ共有の場としての図書館の専門性とは何か。

日本図書館協会が「日本文庫協会」として設立されてから一二五年、『図書館雑誌』の創刊から一一〇年である二〇一七年を迎えるにあたって、日本の近代図書館の創成期や発展期を担った先人たちの名著を繙くことは、図書館の「いま」と「これから」を見据えるために必須の作業であることは疑いを容れない。

本叢書がこれからの図書館の発展に寄与することを願ってやまない。

「日本近代図書館学叢書」刊行委員会

改訂版刊行にあたって

一、本書は一九五三年に発行された小畑渉・著『図書館の統計』（蘭書房）を底本として、編集・改訂を加えたものである。
一、原本における明らかな誤植、不統一等は、これを改めた。
一、原本の趣を極力尊重しながらも、現代の読者の便を図って以下の原則にしたがって現代通行のものに改めた。
ⅰ　送り仮名や句読点は、読みやすさを考えて適宜取捨した。
ⅱ　外来語、国名、人名など一部の語句を、現代の一般的な表記に改めた。
ⅲ　［　］の中に註釈を附した。
ⅳ　巻末の索引は五十音順とした。

慧文社

序　文

社会科学においても、自然科学においても、統計的なものの考え方は、それらの学問の奥底に横たわる本質を理解する上に、また社会現象や自然現象を把握《はあく》する上に最もよい手段を与えてくれる。このような意味から図書館の近代的な科学的経営のためには、統計的な思考と統計的な訓練とが是非とも必要である。ここに私は日本図書館研究会監修のもとに図書館統計のあらゆる分野について記述し、広く斯界《しかい》の批判と指導を仰ぐ所以《ゆえん》である。

ちなみに本研究の達成に対しては、同志社大学研究所から、昭和二十七年度研究助成金が交付された。本書はその成果であると云《い》える。

なお最後に申し添えたいことは、遺憾《いかん》ながら、頁数の事情により、書き下した原稿のほぼ半分の枚数に相当する部分を削減しなければならなくなったことである。このため不本意ながら多くの資料と論説を削除した。いずれこれらは何らかの機会に何らかの方法で、順次発表したいと思っている。

昭和二十八年夏

小畑　渉

目次

図版目次

第1章　図書館統計の概観

Ⅰ　図書館統計の目的

いかなる種類の事業を経営するにも、必ず一定の事業報告の様式を決めて、半期末ごとにあるいは年度末ごとに報告させるとともに、事業経営の実態を概観《がいかん》して、次半期または翌年度の事業計画の参考に資するものである。その目的は、一方には経営者が自らの経営業務を反省してその改善に資するためのものであり、他方には経営者が自らの業務成績を対外的に知らしめることによって地域社会の信頼をかち得ようとするものである。この際の統計や調査は業務管理のためとかPR活動のためとかに利用することが目的であって、ただ単なる統計のための統計ではない。したがって「何のために調査するか」という調査目的は、「何に利用するか」という利用目的によって決定する。したがってまた「何のために調査するか」という調査目的の確立は、統計調査の最初の出発点となる。

図書館で統計調査を実施する場合にも、統計調査を実施するだけの目的がなければならない。

文部省や各主務官庁に報告するために統計調査を実施する場合もあれば、その図書館の科学的な経営に資するために統計調査を実施する場合もある。前の場合の調査主体は文部省または各主務官庁であり、後の場合の調査主体はその図書館自体である。また時には調査主体が民間の団体であったり、一箇の個人であったりする場合もあるが、今これらの統計を区別するために政府関係の統計を官庁統計といい、それ以外の統計を私統計という。官庁統計は出来るだけ多方面の利用に供するという一般的な目的を持っている場合が多く、私統計は特定な一つの利用目的のために統計をとるという特殊な場合が多い。

従来我が国の図書館統計は、官庁統計のための統計が多かった。官庁統計は我が国の図書館現象を集団として観察するために、個々の図書館のあらゆる面についての数量的報告を要求して来る。この場合の調査目的は個々の図書館を批判することを目的とするものでないにも拘《かかわ》らず報告の当事者は真実を報告することを忌避《きひ》する嫌いがあった。それは個々の図書館をも批判する資料ともなるからである。このために統計資料はゆがめられ、統計の真価《しんか》は発揮《はっき》出来なかった。成績が向上したように見せかけた「水増し統計」という言葉や、せめてこのような状態にだけは達していて欲しいといった希望統計のような言葉が生まれたのも以上のような理由による。

このような統計を報告のための統計という。このような報告のための統計に対して、私統計には真実を物語るものが多い。それは私統計が発表することを主目的としないで、専《もっぱ》ら自らが自らの図書館経営に利用するための資料としてデータを集めるからである。一般に真実を物語る統計資料で利用に役立つ統計を、報告のための統計に対して利用のための統計と名づける。今後は図書館のあらゆる統計資料が、利用することの出来る統計として集められ、そして発表されなければならない。その意味は、独り統計を作製した統計作製者自身に利用されるということばかりでなく、第三者としての統計学者や統計利用者のためにも利用されるということを意味するものである。

この際それらの統計資料は、統計作製者にとっては第一次的資料といい、利用する第三者にとっては第二次的資料という。第二次的資料というのは出来合いの統計という意味であって、自ら統計調査を実施しないで他の統計資料を代用して利用する場合をいう。したがって第一次第二次の区別は、専ら、自ら作製したか他人によって作製されたかの相違に外ならない。そこで第二次的統計資料として利用する第三者に対しては、第一次的資料の提供者は、最も良心的でなければならない。

さて以上の事柄を念頭《ねんとう》において従来の図書館統計を眺《なが》めてみると、図書館統計には私統計的なものと官庁統計的なものとの二種類が混在していたことがわかる。しかもこの両者は大抵《たいてい》の場合ほとんど一致するのが常であった。例えば蔵書統計はその図書館でも調査する必要があるし、文部省や各主務官庁にも報告されることを必要とした。閲覧《えつらん》統計にしても財産統計にしても財政統計にしても皆同様である。そのために今までの図書館員は、図書館統計と云えば、このような、その図書館だけの蔵書統計や閲覧統計をとることだけだとばかり思っていた。そして蔵書統計や閲覧統計の他に色々の経営統計をとる必要のあることや、各図書館から集められた統計資料がいかなる意味を持つかについては案外無関心であった。

しかしまた、統計は元来ものを集団として観察し、その集団の中に法則を発見して将来の予測に利用するのが目的であるから、大数《たいすう》の法則によってとりあげられた実例の数が、大きくなればなるほど蓋然率《がいぜんりつ》の確からしさは高まるものであった。そのためには一つの図書館だけの実例では適当しているとはいわれない。そこでどうしても各府県ごとか全国的な統計資料の蒐集《しゅうしゅう》が必要となってくる。この場合その図書館だけの統計を一館図書館統計といい、各府県ごとか、または全国的な統計を一般図書館統計と名づける。このように考えてみると、一館図書館統計は、実は一般図書館統計の一部分を分担するものであり、いわば一般図書館統計への一つの基礎材料を提供するに過ぎないとも考えられる。

図書館統計がこのように、一方にはその図書館のための一館図書館統計であるとともに、他方では一般図書館統計の基礎材料を提供するものであるとすると、図書館統計の作製者は常日頃から、図書館現象のあらゆる方面においていつでも報告の出来るような組織と工夫をするとともに、どんな事柄についてどんな風に統計をとり、どんな統計資料を準備しておかなければならないかについて絶えず研究しておく必要がある。また一般図書館統計の調査主体としての文部省や各主務官庁などもまた、どうすれば真実の報告が得られるかについて絶えず研究をするとともに出来るだけ速やかに統計結果を広く一般に公表して、統計利用者のための便宜《べんぎ》を計らなければならない。

Ⅱ　図書館統計の要件

１．統計調査の要件

誰がいつどこで何についてどんな方法で統計調査をするかという五つの事項は、統計調査の要件である。誰が統計調査をするかということは、調査主体の問題である。一館図書館統計では大抵の場合、その図書館が調査主体であるとともに調査の実施者であるが、国勢調査のように大仕掛けな統計調査になると、政府という調査主体の下にその手足となって働く大勢の手伝いの人々を準備する。これらの人々は一定の組織によって活動する。これを調査機関という。次にいつどこで何について調査するかということは、調査の時と調査の場所と調査の対象についての問題である。これらはどんな方法で調査するかという調査方法と関係を持つ。

２．集　団

統計とは、世の中の物や出来事を集団現象として観察表現する方法である。云い換えると、まとまった一団のものとして数字で表わすような観方をすることである。したがって統計の調査対象はあくまでも集団である。たとい数字で表現することの出来るものであっても、ただ一つだけの個物についての数字はまだ統計の数字ではない。集団は内容的には二つに分けて考えることが出来る。一つは集団の大きさであり、他の一つは集団の構造である。集団の大きさは、集団を形作っている個々のものを数え上げることによって知ることが出来る。この数え上げる個々のものを単位という。単位は人の場合もあれば物の場合もあり、また事件の場合もある。単位の数がわかれば集団の大きさがわかる。単位を一定の標識によって区別すると、集団の構造は明らかとなる。集団は更に形式的には二つに分けられる。蔵書統計のように蔵書量を形作っている図書を、一冊二冊と数えただけでその集団の大きさがわかるものと、全京都市の学校図書館の図書購入費総額というように、単位である学校図書館の館数だけでは算出出来ないものとがある。前の場合のように単位を数えただけでわかる集団を計数集団といい、後の場合のように単位のもっている数量を計算しなければわからない集団を計量集団という。

3. 標　識

計数集団にしても計量集団にしても、集団の大きさがわかっただけでは統計の目的は達しない。集団の構造を調べることが必要である。例えば蔵書統計において、洋書がいくらで和書がいくらというように、洋書和書に分けたり、文学書が何冊哲学書が何冊というように分類別にすることによって、蔵書構成を知ることが大切である。そのためには単位のもつ性質なり特徴なりを判断する必要がある。この単位のもつ性質なり特徴を判断する目じるしとなるものを標識という。したがって標識は調査の終わった後で集計する時に分類する標準にもなる。

標識の選定は、調査の目的や調査の種類や調査結果の編成に関係を持つ。例えば図書館数の調査の場合、それぞれの図書館は単位となり、そこに勤めている図書館員の数は標識としての調査事項となる。もし個々の図書館員を単位にとれば図書館員のもっている体性や年齢や給料や配偶関係などは、標識としての調査事項となる。前の場合は集団の標識であり、後の場合は調査の標識である。

標識には（1）時間的標識と、（2）場所的標識と、（3）実際的標識の三種の標識が考えられる。

4．時間的標識

世の中の物や出来事は時の流れの上から見る時、二つの種類に分けることが出来る。その一つは時の流れとともに流れて存在している現象であり、他の一つは時の流れの上の一点で、瞬間的に起こる現象である。前の場合のような現象を線現象といい、後の場合のような現象を点現象という。時間的標識というのは、時の流れの上から集団を眺める時の標識で、統計表を作製する場合の時間的分類の標準となる。

統計の単位を一定の時間、すなわち一定の期間継続して調査する場合、この統計を動態統計といい、この場合は統計集団が時間的な拡がりをもっている。また統計の単位を一定の時点で調査する場合、この統計を静態統計といい、この場合は統計集団が瞬間的存在である。動態統計の対象となる集団を動大量、静態統計の対象となる集団を静大量という。例えば図書館統計で、「毎時入館者数は何人か」というような場合は前者であり、「午前十時の在館者数は何人か」というような場合は後者である。したがっていつ調査するかという調査の時の問題も自ら異なってくる。

5．場所的標識

調査の場所の問題は、いつも調査の時の問題と結びついて考えられなければならない。調査の場所は全国的あるいは地域的あるいはその図書館だけといったように調査目的や調査労力や調査費用によって色々と変わってくる。場所的標識というのは、統計の単位の発生の場所または発展の場所を指すもので、統計表を作製する時の地理的分類の標準となる。例えば、一般図書館統計の図書館数の統計表で一都一道二府四十二県に分けて統計表を作製する時は、この場所的標識によって分類する。

6．実際的標識

実際的標識というのは、統計の単位そのものに直接附属しているところの標識で、実質的標識とか属性的標識ともいわれる。実際的標識は量的標識と質的標識に分けられる。量的標識とは図書館の蔵書数とか入館者数のように量によって示される標識であり、質的標識とは、図書館員の体性別とか司書司書補の資格別とか、図書の和書洋書別のような性質的なものである。

以上は図書館統計を、調査の主体から、調査の時から、調査の場所から、更に調査対象の単位と質量の標識から眺めたのであるが、最後に調査の方法論的な検討をする前に、一応図書館統計の研究対象の領域を、問題論的に体系づけることが必要である。何故かというと図書館統計の中には、その図書館一館だけの立場からみる時には、少しも集団としての性質をもっていないため、統計の対象とならないと思われるものもあるからである。例えば図書館の所在地などは、一館図書館統計の場合は統計の対象とはならない。しかし一般図書館統計ではその対象となるものである。館長の学歴なども同様である。したがって一応は図書館統計の体系を報告様式的にまとめあげて説明を進めて行く必要がある。次節の図書館統計の体系はこのような意図をもって述べたものである。

Ⅲ　図書館統計の体系

〔1〕基本事項

1．館名（館名に変更のあった場合は変更前の館名と変更年月や変更理由を附記《ふき》）
2．館長名（就任年月日・第何代目・学歴・学位・司書資格の有無・図書館経歴・兼任の場合は本職名を附記）
3．副館長名（附記事項は館長の場合と同じ。大学図書館や学校図書館などで副館長名を

使用しない図書館では事務長名や図書館主任名を記入）

4. 所在地（所在地に変遷《へんせん》のあった場合は附記）

5. 創立者並びに創立関係者（氏名・経歴を附記。建築物寄附者などがあればその概要や事情を併記。私立図書館などで維持者に変遷ある場合は列記）

6. 設立種別（国立・公立・私立の別。公共・特殊・大学・学校の別。公立の場合は府県立・市区町村立・組合立の別）

7. 設立年月日（館齢を附記）

〔2〕一般事項

1. 管内人口または学年別在学学生生徒数（公共図書館などの管内人口には憑拠《ひょうきょ》文献註記）

2. 管内面積または校地面積（同右註記）

3. 当該行政地区教育費（都道府県市町村）または当該学校の教育費（ともに前年度末決算額）

4. 図書館費（人口一人当たり、または学生生徒一人当たり図書館費も附記）

5. 創設費

A. 建築費（本館・書庫・分館など独立の建物ごとに）

B. 設備費（同右）

C．学校総建築費に対する創設費の百分比（大学図書館・学校図書館のみ記入）
6．敷地面積（館庭などを含む。なお拡張予定地があれば予定坪数《つぼすう》をも附記）
7．建物
A．竣成《しゅんせい》年月日（建物ごとに記入し経過年数附記）
B．材料および様式（木材、土蔵、石切、煉瓦《れんが》、コンクリートなどの別と建物の様式）
C．総延《そうの》べ坪《つぼ》と階層別坪数（本館・分館・部局図書室などを各個別に列記）
D．使用別坪数（閲覧室・書庫・事務室その他に分けて算定）
E．本館および書庫の独立半独立または非独立（半独立とは書庫のみ独立の場合を指す。なお学校図書館では専用か兼用かの別を附記し、公共図書館では非独立の場合、何に併置《へいち》されているかを記す）
F．収容人員と坪数（その図書館の特殊事情によって、下記の室名に追加または削除する。なお学校図書館・大学図書館では、在籍学生生徒児童数に対する百分比を計算して註記）
a．普通閲覧室（二室以上ある時は個別に記入。以下同じ）
b．特別閲覧室　　c．雑誌閲覧室
d．新聞閲覧室　　e．婦人閲覧室

f. 児童閲覧室　g. 研究閲覧室
h. 映写室　i. 音楽室
j. マイクロ・フィルム室　k. 郷土資料室または特殊資料室
l. その他利用閲覧に供せられる室
m. 閲覧室の設備のない図書館はその理由を註記

G. その他の室数と坪数
a. 事務室数（分類作業室・目録作業室などに区分）
b. 目録室数　c. 展観室数
d. 参考室数　e. 講　堂
f. クラブ室数
g. 館長室・製本室・印刷室・館丁室・食堂・喫茶室・写真室・倉庫・宿直室・浴室・下足室など
h. 車庫（ブックモビルその他自動車用車庫）
i. その他の諸室

H. 書　庫
a. 建坪《たてつぼ》と総延べ坪と階層別坪数
b. 図書収蔵能力（単位冊）

c. 書架様式（木造固定、木造可動、鉄枠固定など）
d. 窓の防火装置（鉄製鎧戸《よろいど》、鉄製開戸、ガラス窓など）
e. 防火施設の有無（避雷針《ひらいしん》、防火壁、防火栓、防火貯水池の有無など）

8. 分館・閲覧所・配本所または部局図書室・学級図書室・教員図書室など
A. 名称・所在地・敷地建物の材料様式総延べ坪
B. 閲覧室収容人員坪数（ただし学級図書室・教員図書室は坪数のみ記入）
C. 非独立の場合は何に併置されているかを註記

9. 巡回文庫・貸出文庫・自動車文庫など（大学図書館・学校図書館は省略）
A. 名称・数
B. 巡回・貸出場所など（列記し略図を附記）

10. 設備・施設・備品
A. 視覚関係機具（映写機、幻灯機、顕微鏡、望遠鏡、暗幕装置など）
B. 聴覚関係機具（蓄音機、放送設備、拡声機など）
C. 閲覧関係器具（書架、新聞架、雑誌架、バーティカル・ファイル、閲覧机椅子、出納台《すいとうだい》、カード・ボックスなど）
D. 事務関係用具（和文タイプライター、欧文タイプライター、写真機、撮影機、録音機、消毒機など）

E．体育、娯楽、生産関係用具（公民館などで備えつけられているピンポン、碁、農機具など）

11．罹災《りさい》の有無（戦災、火災、風水害、震災などの被害と復旧状態）

〔3〕経費（前年度決算）

1．経常費

A．収入金額

a．公共図書館では

i．都道府県市町村費　　ii．基本財産収入

iii．補助金　　iv．寄附金

v．事業収入（入館料、閲覧料、使用料など）〔註・本書67頁で小畑も述べているように、図書館法第十七条「公立図書館は、入館料その他図書館資料の利用に対するいかなる対価をも徴収してはならない」とあるため、これらの費用を徴収することはできない。ただし、私立の公共図書館はこの限りではない〕

vi．その他の収入

b．学校図書館では

i．公　費　　ii．ＰＴＡ負担金

iii．生徒負担金　　iv．その他の収入

B．支出金額

a．俸給（学校図書館では省略）

b．諸　給

c．図書館資料費

i．図書購入費　　ii．新聞雑誌逐次《ちくじ》刊行物《かんこうぶつ》購入費

iii．製本費　　iv．その他視聴覚資料購入費など

d．維持費（土地、建物、保険、修繕費などの合計）

e．運営費（備品、消耗品、目録印刷、館報印刷、宣伝費、講演会費などの合計）

f．分館費または部局図書室費または巡回文庫費など（費目は上記に準ずる）

C．図書館経常費の当該行政地区教育費、または当該学校経常費に対する百分比

2．臨時費

A．収入金額（臨時予算や特別寄附金、延滞料金その他の臨時収入を、経常費収入項目に準じて項目別に内訳を記載）

B．支出金額

a．新営費　　b．増築費

c．設備費（図書館資料費を除く）　d．図書館資料費

e．その他

〔4〕館員（本館、分館、部局図書室、閲覧所、配本所別に氏名を書き、男女、満年齢、本務兼務別、俸給を列記して、各職名ごとに合計人数を計上する）

1．区分

A．公共図書館または大学図書館

a．館長　b．副館長または事務長

c．司書　d．司書補

e．書記　f．書記補

g．技士（マイクロ・フィルム技術家など）

h．技士補　i．嘱託

j．雇員《こいん》　k．傭《よう》員《いん》（館丁、給仕など）

l．合計人員

B．学校図書館

a．主任教官（司書資格の有無附記）または司書教諭

b．係教官数（司書資格の有無により区別）

c．主任教官の一週間授業時数

d．主任教官の他の校務（教務、組担任、庶務、クラブ指導、組合、PTA係、その他、なし）

e．事務助手または事務員数（司書または司書補資格の有無附記）

i．公費支弁《しべん》　ii．PTAなどで支弁

f．生徒委員数（男女別・学年組別）

i．選　挙　ii．希　望

iii．推　薦　iv．その他

g．生徒助手数（男女別・学年別）

i．選　挙　ii．希　望

iii．依　頼　iv．その他

2．学歴（実務に関与しない兼務者および傭員を除いて人数を記入）

A．小学校、新制中学校卒業者

B．旧制中学校、新制高等学校卒業者（同等の資格者を含む）

C．旧制高等学校、旧制専門学校、短期大学卒業者（同等の資格者を含む）

D．新制大学、旧制大学卒業者（同等の資格者を含む）

E．その他（大学院卒業者、外国留学者など）

F．合計人員

3．学歴抽出調査（上記の一般的教養の学歴の中から、特に図書館学の教養を身につけたものを抽出する）

A．公立図書館司書検定試験合格者

B．文部省図書館講習所修了者

C．国立図書館附属図書館職員養成所修了者

D．図書館職員養成所卒業者

E．図書館法に準拠しない大学附設図書館学講習所修了者（京都大学、同志社大学、関西大学）

F．日本図書館協会主催図書館学講習会、文部省図書館学講習会修了者

G．アイフェル教育指導者講習修了者

H．図書館専門職員養成講習指導者講習会修了者

I．図書館専門職員養成講習修了者

J．大学附設教職課程の図書館学履習者

K．大学の講座としての図書館学科履習者または図書館学部卒業者（慶應大学図書館学校、天理大学、同志社大学、東洋大学など）

L．図書館法に準拠した司書または司書補講習履習者

M．外国図書館学校卒業者（国名、大学名併記）

4. 勤続年数（図書館員としての勤続年数を満年で通算する）
A. 三箇年未満　B. 三箇年以上五箇年未満
C. 五箇年以上七箇年未満　D. 七箇年以上十箇年未満
E. 十箇年以上十五箇年未満　F. 十五箇年以上二十箇年未満
G. 二十箇年以上　H. 合計人員

5. 個人調査
A. 大学卒業者の専攻学科調査
B. 図書館学または書誌学に関する業績調査
a. 著書（書名、発行年、発行地、発行所、定価など）
b. 論文（誌名、機関名、巻号、発行年、発行地、発行所など）
c. 個人の所属図書館団体役職名（日本図書館協会、日本図書館研究会、日本図書館学会、全日本図書館組合、国立大学附属図書館協議会、私立大学図書館協会、日本医学図書館協議会、全国学校図書館協議会、各地の図書館協会、各地の学校図書館団体、その他国際図書館協会など）

6. 館員養成方法（特に大学図書館について）
A. 再教育措置方法（項目、期間、方法、再教育人員、講師など具体的に）
B. 図書館学講座（規模、種類、附加する教養科目、修業年限、担当教授助教授助手

講師名、担当時間、単位など）

7．事務組織（学歴別、資格別、年齢別、男女別人員数）

A．総務部　B．調査部

C．受入部　D．分類目録部

E．保管部　F．閲覧部

G．渉外部　H．その他（例えば分館、ブックモビル部など）

8．勤務時間の交替制（昼勤、夜勤、休日出勤、宿直制など）

A．一日交替制

B．半日交替制

a．固定的半日交替制　b．自由的半日交替制

C．日曜祝日勤務制度

a．特別補充制　b．報酬附志願制

D．アルバイト学生制

9．図書館運営団体調査（その図書館の運営について協力する外廓団体《がいかくだんたい》としての、図書館協議会、図書館運営委員会、公民館運営委員会、大学図書館商議会などの委員数、および各委員の学歴別、年齢別、職業別人員数とその選出方法や任期、運営方法を記入する。なお大学卒業者はその専攻学科を調査するとともに、建築委員会や財政委員会

などの小委員会が設置されている時は、その構成と職責を附記）

10. 組合関係調査
A. 役員の種類と人員
B. 組合の文化的事業の概略（特に図書館関係事業を中心に）

11. 図書館学研究機関の有無
A. 名称と創設年月　B. 目　的
C. 役員組織　D. 経　費
E. 会員資格　F. 会員数
G. 行　事
a. 目　的
b. 名称（視察、研究、実習、協議、報告、講習、講演、その他）
c. 研究題目（報告題目、講習題目、実習題目など）
d. 発表者名、講習会講師名など
e. 開催日時、場所、参会者数
H. 機関誌名（刊期、発行部数、価格、最近号の巻号数など）
I. 補助金（出所、補助目的、金額、一時的か永続的かなど）

12. 加盟図書館団体名と入会者数

A．日本図書館協会　B．日本図書館研究会
C．日本図書館学会　D．各地の図書館協会など
13．館員の健康管理、休暇制度、厚生施設状況（例えば厚生年金制度、健康保健制度、医薬保健施設、住宅や寮制度、老後の保障など）

〔5〕図書館資料

1．本館所蔵図書（和漢書・洋書別、分類別）
A．購　入　B．寄　贈
C．編　入　D．その他
E．合計（ここでの冊数がその年間の収書冊数となる）
F．除籍数
G．現在数（ここでの冊数がその図書館の中央館の蔵書冊数ということになる）
2．分館または部局図書室、学級図書室の所蔵図書（和漢書・洋書別、分類別）
A．購　入　B．寄　贈
C．編　入　D．その他
E．合計（ここでの冊数がその分館などの年間収書冊数となる）
F．除籍数
G．現在数（ここでの冊数がその分館などの蔵書冊数となる）

3. 特殊蒐集
A. 文庫の名称　B. 寄贈者の氏名と略歴
C. 寄贈の由来
D. 蔵書数（和漢書・洋書別、分別類）
E. 印刷冊子目録があればその名称
4. 貴重図書（簡単な説明を附して列挙）
5. 雑誌の種類数と部数（和文・欧文別）
A. 購　入　B. 寄　贈
C. 交　換　D. 合　計
E. 分類別種類数（専門、文芸、総合、娯楽、美術、児童、学習などに分けたり、専門雑誌は更に教育、法律、哲学、宗教、科学などに分ける）
6. 新聞、官報などの種類と部数（内地新聞、華字新聞、英字新聞などに分けて記入）
7. 製本統計（和洋書別）
A. 新聞、官報、雑誌、紀要、報告などの逐次刊行物の製本統計
B. 破損図書の製本修理統計（和漢書・洋書別、分類別）
8. 特殊資料（本館・分館別現在数）
A. 印刷資料

a．パンフレット　　b．リーフレット
c．楽　譜　　d．クリッピング
e．記　録　　f．古文書
g．地図、海図　　h．点字書
i．その他

B．マイクロ資料
a．マイクロ・フィルム　　b．マイクロ・カード

C．視覚資料
a．平面的なもの
i．図表　ii．グラフ　iii．写真　iv．肖像　v．ポスター　vi．版画
vii．書　viii．絵画　ix．その他平面的な展示資料（児童作品を含む）
b．立体的なもの
i．美術品　ii．模型　iii．標本　iv．彫刻　v．実物　vi．泉貨《せんか》
vii．考古資料　viii．展示資料中立体的なもの（児童作品を含む）
c．動的なもの
i．無声フィルム　ii．ストリップ・スライド　iii．紙芝居　iv．幻灯板
v．活人画　vi．その他

D．聴覚資料

a．時間的拘束性のあるもの

i．ラジオ　ii．テレビジョン

b．時間的拘束性のないもの

i．レコード　ii．発声フィルム　iii．トーキング・ブック（盲人用）

iv．テープ・レコーダー　v．ワイヤ・レコーダー

9．資料交換調査

A．国際交換（送附・受入別）

a．資料の種類、点数、分類別

b．交換国別、交換先

c．交換回数

B．国内交換（送附・受入別）

a．資料の種類、点数、分類別

b．交換図書館または交換先

c．交換回数

〔6〕分　類

1．分類表の名称（例えばＤＣ・ＥＣ・ＮＤＣ・ＬＣなど）

2. 独自分類の場合（例えば学校図書館などで教科別の分類表を使用している場合は教科別と記入する）

A. 数字使用か、文字使用か

B. 数字使用ならば十進法か、非十進法か

C. あるいは数字・文字混用か

D. 更に特殊記号を使用しているか、否か

3. その分類表の使用は

A. 和漢書のみか、洋書のみか、和漢書・洋書全部に使用か

B. 架上用か、目録用か、架上・目録併用か

C. 総表使用か、一部使用か

4. 以上始年月

5. 分類替（分類替を行った図書館は、新旧分類表の名称と作業開始および終了の年月を記入する。分類替実施中の図書館は、作業終了の年月の代わりに終了予定年月を附記）

6. 排架（和漢書または洋書の書架上における排列《はいれつ》）

A. 別架か　B. 混架か

C. 別架の場合

a．同一体系か　　b．別体系か

D．図書記号法

a．受入順番号か

b．著者記号法か（カッター式、ブラウン式、森式、国立国会図書館式など）

i．著者記号表使用か

ii．簡略式か（この場合頭字一字式かまたは二字式か）

iii．その他か

c．五十音を採るか（この場合片仮名か、平仮名か）

d．ローマ字を採るか（この場合ヘボン式か、訓令式《くんれいしき》か）

7．特殊資料の分類表

A．レコード分類表の名称

B．フィルム分類表の名称

C．特殊印刷資料の分類表（あればそのシステムを略解）

D．美術品、模型などの分類表（あればそのシステムを略解）

〔7〕目　録

1．目録形式

A．外的形式

a．カード式目録

i．手書きか

ii．印刷か（謄写版《とうしゃばん》印刷か活版印刷かの別を附託）

b．冊子形目録

c．加除式《かじょしき》目録

B．編成形式（事務用、閲覧用別に記入）

a．和漢書

著者、書名、件名、辞書体、分類、書架目録

b．洋　書

著者、書名、件名、辞書体、分類、書架目録

c．和洋混成

著者、書名、件名、辞書体、分類、書架目録

C．記　入

a．和洋書ともに著者本記入

b．和漢書は書名本記入、洋書は著者本記入

c．和洋書ともに書名本記入

D．採用目録規則の名称（採用始年月附記）

E．採用件名標目表の名称（採用始年月附記）
F．排列順（採用始年月附記）
a．五十音順
b．アルファベット順
i．ヘボン式　　ii．訓令式

2．印刷目録
A．基本目録（名称、冊数、各冊頁数刊行年月、頒布価格）
B．増加目録（冊数、各冊頁数と刊行年月、頒布価格）
C．次回刊行予定（冊数、予定頁数と予定刊行年、頒布価格）
3．総合目録（学内のユニオン・カタログ、またはユニオン・リストの有無）
4．展観目録（館内諸展観目録の名称、頁数、刊行年を列記）
5．大学学術局または国立国会図書館で行っているユニオン・カタログ作製への協力措置
6．その他の目録の有無
A．書架目録の有無
B．雑誌索引の有無
C．新聞記事索引の有無
D．特殊蒐書《しゅうしょ》目録の有無、貸出文庫用図書目録の有無

E．貴重図書目録の有無
F．レコードの目録の有無
G．フィルムの目録の有無
H．模型、美術品など立体的視覚資料の目録の有無

〈8〉利用（前年度）

1．開館日数（休館日数と休館理由、曝書《ばくしょ》期間など附記）
2．図書の利用
A．閲覧人員（本館・分館別、和書・洋書別）
a．館内閲覧人員（公共図書館は職業別、大学図書館は部科別、学校図書館は学年別）
b．一日平均館内閲覧人員（同右）
c．館外帯出人員（同右）
d．一日平均館外帯出人員（同右）
e．分類別館内閲覧人員
f．分類別館外帯出人員
g．カリキュラムとして図書館利用回数と延べ人員（主に図書利用の場合）
h．新聞、雑誌その他自由閲覧人員（推定でもよい）

B．閲覧冊数（本館・分館別、和書・洋書別）

a．館内閲覧冊数（公共図書館は職業別、大学図書館は部科別、学校図書館は学年別）

b．一日平均館内閲覧冊数（同右）

c．館外帯出冊数（同右）

d．一日平均館外帯出冊数（同右）

e．分類別館内閲覧冊数

f．分類別館外帯出冊数

g．雑誌閲覧冊数

C．文庫

a．貸出文庫

i．貸出団体数　ii．貸出延べ冊数　iii．閲覧延べ人員（男・女・児童別）

iv．閲覧延べ冊数（分類別）　v．貸出冊数百に対する閲覧冊数の比

b．巡回文庫

i．巡回箇所　ii．回付《かいふ》延べ冊数　iii．停留延べ期間

iv．閲覧延べ人員（男・女・児童別）

v．閲覧延べ冊数（分類別）

vi．回付冊数百に対する延べ閲覧冊数の比
c．ブック・モビル
i．巡回箇所　ii．回付延べ冊数　iii．停留延べ期間
iv．閲覧延べ人員（男・女・児童別）
v．閲覧延べ冊数（分類別・車内・貸出別）
vi．回付冊数百に対する閲覧冊数の比

3．特殊資料の利用
A．特殊資料室
a．印刷資料（リーフレットなど）
i．利用延べ人員　ii．利用延べ点数
b．視覚資料（美術品など）
i．利用延べ人員、利用延べ団体数　ii．利用点数
B．フィルム・ライブラリー
a．視覚資料（紙芝居、幻灯など）
i．利用延べ回数　ii．利用延べ組数（内容別）
b．視聴覚資料（発声フィルム）
i．利用延べ回数　ii．利用延べ本数（内容別）

C．レコード・ライブラリー
a．ラジオ
i．利用延べ回数　ii．利用延べ時間（内容別）
b．レコード
i．利用延べ回数（団体・個人別）　ii．利用延べ枚数（内容別）
c．テープ・レコーダー、ワイヤ・レコーダー
i．利用延べ回数　ii．利用延べ種類

4．備品の利用（主に公民館での統計）
A．体育用具
a．使用回数（団体・個人別）　b．使用延べ人員（用具別）
B．娯楽用具
a．使用回数　b．使用延べ人員（用具別）
C．生産用具
a．使用回数　b．使用延べ人員（用具別）
c．生産品数量　d．純益（用具別）
D．生活用具
a．使用回数　b．使用延べ人員（用具別）

E．保健用具

a．使用回数　　b．使用延べ人員（用具別）

c．実費徴収額（用具・用品別）

5．利用規則

A．館内閲覧

a．館内閲覧時間毎日自何時至何時

b．毎日開館・土曜休館・日曜休館など

c．一人一回何冊

d．入館条件と入館制限

B．館外帯出

a．毎日または特定日指定

b．一人一回何冊何日間

c．長期貸出制度とその条件

d．帯出者の資格と制限（登録条件附記）

C．入庫条件（独立書庫所有館だけ）

D．貴重図書閲覧条件

E．その他特別室利用規則（要点を箇条書）

6. 閲覧方式
A. 開架式
B. 閉架式
C. 折衷《せっちゅう》式

7. 館外図書貸出方式
A. ブック・カード式
B. 閲覧用紙式
C. 冊子登録式

8. 貸出文庫図書貸出方式
A. 見計らい送附　B. 貸出先の選択
C. 図書館から送附　D. 貸出先から取りに来る
E. 輸送料図書館負担　F. 輸送料は貸出先負担
G. 貸出専用図書の有無　H. 館内用図書と兼用

9. 読書調査
A. 日時と期間　B. 目　的
C. 方　法　D. 結　果

10. 図書館利用の指導状況（学校図書館だけ）

A．教科学習との関連

a．正教科として時間割を組む（週何時間）

b．図書館教育として時間割を組む（同右）

c．自由研究として時間割を組む（同右）

d．内容を定めずに時間割を組む（同右）

e．以上各項いずれも組まない

f．テキスト使用の有無

i．テキストの著者・編者　ii．名称（書名）

iii．発行地・発行所　iv．発行年月

v．定　価

B．図書館員の指導の有無

a．方　法　b．時　間

c．場　所　d．指導者

11．図書館間相互貸借の状況

A．同種図書館間

a．貸出回数　b．貸出冊数（分類別）

c．借受回数　d．借受冊数（分類別）

B．異種図書館間
a．貸出回数　b．貸出冊数（分類別）
c．借受回数　d．借受冊数（分類別）

〔9〕その他

1．会合
A．講演会開催回数（演題と日時と参会者数）
B．講習会開催回数（題目と日時と参会者数）
抽出：図書館学講習会開催回数（同右）
C．講座開催回数（主に公民館）
a．文化講座（内容と日時と出席者の種類と出席者数）
b．夏期講座（同右）
c．社会学級講座（同右）
d．専門講座（同右）
e．その他の講座（同右）
D．催し物
a．音楽会（種類と日時と参会者数）
b．レコード・コンサート（同右）

c. フィルム鑑賞会（同右）
d. 読書会（同右）
e. 討論会（同右）
f. お話会（同右：子供が対象）
g. 演劇会（同右：公民館）
h. 実習会（同右：同右）
i. お茶の会・お花の会（同右：同右）
j. 運動競技会（同右：同右）
k. その他
E. 展覧会・展示会・展観など（主題と日時と参観者数）

2. 行事
A. 読書週間（催し物と重複してもよい、行事を列挙）
B. 文化の日（同右）
C. 子供の日（同右）
抽出：表彰・懸賞論文・標語募集など

3. 連絡状況
A. 大学、学校、博物館、公民館、研究所などとの連絡（公共図書館から）

B. 大学、博物館、公共図書館、公民館、研究所、家庭などとの連絡（学校図書館から）
C. 博物館、公共図書館、研究所、他の大学図書館などとの連絡（大学図書館から）
D. 外国文献新刊案内、外国文献情報提供など（大学図書館として学内連絡）

4. 附設の読書団体（例：読書クラブ・読書サークルなど）

A. 団体名　　B. 会員の種別（加盟資格）
C. 会員数　　D. 事　業
E. 経　費　　F. 会　費
G. 会報の有無

5. 印刷物発行の有無（例：図書館報、公民館報、図書館利用のパンフレット、図書館新聞、その他の印刷物など）

A. 発行回数
B. 有償無償の別（有償の時は頒布価格）
C. 発行部数
D. 頁　数

6. 読書指導の方法

A. 学校図書館

a．教科担任がしている　b．ホーム・ルームの時間にする

c．図書館ニュースでする　d．掲示でする

e．その他の方法でする

B．公民館・公共図書館

a．読書クラブ　b．読書会

c．発表会　d．その他

7．附（管下または区内の書籍店の分布状況：分布図作製）

以上は一館図書館統計の立場からも一般図書館統計の立場からも、常日頃からいつでも報告の出来るよう準備しておかなければならない統計調査の体系であるが、しかし図書館には、公共図書館もあれば学校図書館もあり、大学図書館もあれば議会図書館もあるから、どの図書館にも総べての項目が該当するというわけのものではない。したがってそれぞれの図書館の特殊性において、該当する項目はこれを調査し、該当しない項目はこれを除外することは云うまでもない。例えば蔵書統計はどんな種類の図書館にも必要であるが、公民館図書室や小学校図書館では和書洋書別蔵書統計は不必要であろうし、図書館利用の指導状況調査は学校図書館では必要であっても、議会図書館や官庁図書館では不必要である。したがってこの体系を見る場合にはこれらの点にいつも留意すべきである。

第2章　財産と財政に関する統計

Ⅰ　財産統計の意義と範囲

財産に関する統計は、その図書館のあらゆる物的有形物の統計の総べてを含む。したがってその図書館の土地、建物、施設、設備、備品、図書館資料、有価証券を含む基本財産などは、一応全部財産統計の対象となる。しかし図書館統計としては、図書館資料のもつ重要性と図書館資料が他の土地や建物と違った性格を持っているために、本書においては図書館資料についての統計は別に一章を設けて解説することとし、ここには図書館資料を除いた他の一切のものを一括《いっかつ》して取扱うことにした。

図書館統計で財産統計を問題にするといっても、営利会社や個人商店のように、財産評価をして利潤《りじゅん》を算定したり、税務署に報告して課税対象とするといったものとは、全く趣きを異にするものである。それはあくまでも図書館現象の理解のための方便であって、決して金銭的な利潤や評価そのものを目標とするものではない。云い換えると、それは図書館資料の利用の便宜を提供する立場からと、図書館資料の利用者の利用の立場からの二つの観点から関心を持つものである。

さて、ここで財産統計と云っても、個々の図書館の個々の財産についての個々の時の個々の数字そのものが、直ちに財産統計であるという意味ではない。仮に個々の図書館の個々の財産について数的な表現をとることが出来ても、それはあくまでもただ一つの個的な数字であって、統計の数字ではない。たといそれらの数字が、純粋数学の数字のように抽象的ではなくて、その背後に現実的なまた社会的な具体的歴史的な個性を持った数字であっても、それはまだ図書館現象としての集団についての数字ではない。図書館統計としての財産統計は、あくまでも一団としての集団的な数字でなければならない。したがって財産統計として計量された数値は、一つの個として眺めるのではなく、時間的前後の関係か、空間的左右の関係かにおいて、集団として眺められる必要がある。

したがって財産統計として計量された数字は、一館図書館統計としては、数年または十数年の変化の形態として取扱われた時初めてその意義が見出され、また一般図書館統計としては、全国的または地域的に比較対照された時に初めてその意義が発見される。財産統計としての統計表もまた、この意味から作製されなければならない。もっともその図書館の全財産を時価に評価して、その中の何％が土地の価格であり、何％が建物の価格であるかなどについて構成比を考えることも、統計的な意義を発見するものではあるが、営利会社や個人商店の財産統計と意味を異にした図書館統計としては、このような事柄は無意味であろう。

1．創設費

財産統計でまず最初に取り上げげなければならない問題は、図書館の創設費の問題である。創設費の統計は、主として新設創立の参考資料としてその存在理由を持つ。創設費は創設当時の建築費と設備費とに分けられる。もっとも創設の古いものほど建築費や設備費の算定が現在のそれとは異なっているために、数字的感覚の上からは勢い時代的なずれが生じるものであるから、絶対数の比較は無駄である。それで大学図書館や学校図書館などでは、学校総建築費や学校総設備費に対する構成比が役立つことになる。しかし創設費に関する統計の比較は実際問題として非常に困難であり、また我が国ではその資料に乏しいが、昭和三年発行の『日本高等諸学校図書館統計概覧』第23頁に、学校総建築費に対する図書館建築費の構成比％が掲載されているので、統計的な参考になると思う。

2．敷　地

次に取り上げげなければならない問題は、図書館の敷地の面積である。図書館の敷地は図書館の建物だけの敷地の他に、花壇や館庭や空地や通路などの附属地を含めて考えておく必要がある。それらは将来図書館の建物の拡張予定地であり、また快適の土地に感じのよい建物が美しい館庭や花壇に包まれ、静かな、しかも交通に便利な場所に位置しているということは望ましい読書環境を形作るという意味で、調査の必要があるからである。我が国ではこの種の統計はあまり見当たらない。僅《わず》かに昭和二十五年の文部省社会教育局の公共図書館調査に独立館のみの建物敷地という欄に数字が出ているが、それらは平方メートルで表わされているので、これを坪数に換算してみると、平均都道府県立図書館は二八九坪、市区立図書館は一二五坪、町立図書館は三九坪、村立図書館は二〇坪、私立図書館は一三四坪となっている。

3．建物の竣成年月・建築材料・建築様式

次に建物について、その竣成年月と建築後の経過年数を調査する。もっとも同一図書館の建物で経過年数を異にする場合があるから、この場合は同一に取扱わずに区分する。また我が国の図書館建築が年代的にいかなる状態にあったかを知るためには、建築材料にいかなるものが使用されているかを同時に調査しなければ効果は少ない。そこで建物については、竣成年月と経過年数の他に、建築材料としての木材、土蔵、石切、煉瓦、コンクリートなどの区別と、同時に建築様式を調査する。図書館建築の様式としては、近代ゴシック建築、新ルネッサンス建築、折衷主義建築、スパニッシュ・コロニアル建築、近代建築などが考えられる。

なお建物について、一館図書館統計では何ら統計的意味を持たない建物の独立・併置別が、全国的にどのような傾向にあるか調査することは色々な意味で有意義である。

4．建物の広さ

建物の広さについては、総延べ坪と各階層別の坪数を知る必要がある。これは現に図書館として使用している建物の面積を調査するのであるから、どこかの建物に併置されている図書館

は、算定に際して誤りを来たさないよう注意しなければならない。単位は平方メートル（㎡）を使用してもよいが、我々日常の観念からすれば、坪数で計算する方が統計を見る立場から便利である。したがってまた、出来れば各階層の坪数の表示は、次のような形式を採ると好都合である。

64坪（４×５＋４×５＋４×６）

この形式を採用すると、統計数を読む人に平面図を想像させることが出来る。もし坪数を採らずに、平方メートルで表示しなければならない時は、一坪を三・三平方メートルに換算して、単位未満は四捨五入する。

階層別坪数を算出する時には、階段および中二階の部分などが問題となるであろう。この場合は、この部分の面積を一段上の階層に算入し、地階へ降りる階段は地階へ算入する。

建物の広さについては、総延べ坪数と階層別の坪数の他に、その総延べ坪数を使用別に仕訳けて調査することが大切である。使用目的の相違を考えるということは、図書館の建物の内のいくらの広さが閲覧のために使われているかということを知るためである。だからと云って、図書館事務に使用される事務室が皆無または僅少《きんしよう》であってよいというわけではない。専門職としての図書館員の執務の場所は、職掌柄《しよくしようがら》快適な余裕ある広さが望ましい。それで総延べ坪数の中、何％が閲覧室に、何％が事務室などに使われているか。もし独立の書庫を有《も》たない図書館は何％が書庫用に使われているかを、実際に調査することは有意義である。そこで使用別坪数は、詳細に項目別とせず、(1)閲覧室と(2)書庫と(3)事務や管理の諸室と(4)その他の四分とし、その他の中へは、館長室、会議室、館丁室、廊下、階段、便所などを合算する。

5. 建物の独立・非独立

次に建物についでは本館と書庫との関係として、独立、半独立、非独立の調査をする。独立とは、本館と書庫とがともに独立して全く離れた建物である場合を指す。半独立とは、本館は他の建物に附属併置されているが、書庫は独立した建物である場合を指す。非独立とは、本館も書庫もともに独立した建物を有《ゆう》しないで、ともに他の建物に併置されている場合を指す。この場合公共図書館では、いかなる建物に併置されているかが興味ある問題となる。例えば、官庁の庁舎に併置されたり、公民館と共在したり、学校や社寺などに併設されたりしている状態を全国的に調査して、その実態を摑《つか》むことは、図書館現象を知る上に興味深いものがある。それは図書館管理の上から、また防火や盗難予防の上からばかりでなく、登館者の便利とか閲覧時間に束縛を受けるか受けないかなどの利用の立場から、あるいは、社会教育や学校教育の中心としての教育的立場から、更に広義には、都市の美観とか学校教育での図書館の地位の認識や図書館利用の公民的徳義心の向上といった面からも考察される問題である。

しかし学校図書館では、公共図書館や大学図書館と違って、その大部分が校舎の一隅に併置されるものであるから、図書館の独立非独立ということは問題ではなく、むしろ図書館の専用、されるということである。大学図書館や公共図書館では、このような問題は起こり得ない。
活動の目的以外には使用されないということであり、兼用とは図書館活動の目的以外にも使用
兼用を調査することが必要である。図書館が専用であるということは、その図書館が、図書館

６．収容人員

建物の広さについては、前にも記述した通り、（１）閲覧室と（２）書庫と（３）事務や管理の諸室と（４）その他の四分とし、使用別坪数をあまり詳細に区別しない。しかしもし細分する必要があれば、次のように分けることも一方法である。

１．読書の場所　　２．図書保管の場所
３．作業の場所　　４．会議や講演の場所
５．映写や音楽の場所　　６．執務の場所
７．展観の場所

しかしこのように分けることは、結局各室別ごとに坪数を計算することにもなる。したがって建物の広さの内訳は、各室ごとに調査し、利用に供する閲覧室や映写室などは、収容人員または座席数を調べておく。このように一度調査をしておくと、全国的な一般図書館統計などで資料が報告された時、調査者の方で、上記の１から７までの分類によって集計し、図書館現象を知る上に都合のよい第二次統計表を作製することが出来る。また学校図書館や大学図書館などでは、収容人員または座席数の在籍数に対する百分比を附記しておくと、他校と比較した時

好都合である。なお書庫のない図書館はあっても、閲覧室のない図書館は考えられないと思われるであろうが、昭和二十五年の文部省社会教育局の公共図書館調査をみても、広島県の町立図書館などのように、閲覧室のない図書館が現実に存在している以上、閲覧室のない図書館についてはその理由を調査する必要がある。

7. 書 庫

閲覧室関係の次には書庫に関する調査である。書庫については、階層数、総延べ坪数、図書収蔵能力、書架様式、窓の防火装置、防火施設の有無などについて調査する。そのうち図書収蔵能力というのは、云うまでもなく冊単位を採る。収蔵冊数は書架数によって計算出来る。普通の書架では、その収蔵冊数は、三尺一段三〇冊として、六段では一八〇冊、一間書架であるとその倍の三六〇冊、これを両面にすると七二〇冊で、これが一間の両面書架の図書収蔵能力である。したがって一間両面書架が書庫内に何列何本並ぶかによって、書庫内の図書収蔵能力が算定出来る。もし階層数が三層の三階建書庫であれば、その能力は三倍となる。もっとも書架上の図書の排列が移動式排列法を採用する近代図書館としては、書架の各段に多少のゆとりをとる必要があるから、実際の収蔵数は多少減少するのが普通である。また書庫の床面積から書架数を算定する際には、書架と書架との間を三尺とし、もし開架式の場合は、書架と書架との間隔を四尺としなければならないし、また通路には四尺の間隔をとるものとして算定する必要がある。書架様式には木造固定、木造可動、鉄枠固定などの種類がある。固定式と可動式の長短については、種々論議されているが、普通の図書館では固定式を採っている。

書庫の建物は耐震、耐火、耐湿建築とし、防湿・遮光《しゃこう》・通風・照明などに留意し、利用の便利と将来の拡張を考慮《こうりよ》しなければならないのであるが、特に防火については格別の注意を必要とする。この意味から窓の防火装置や避雷針などの防火施設を調査する。

8. 分館・自動車文庫など

更に観点をかえて図書館を一つの有機体と考えると、中央図書館を軀幹《くかん》としてその手足となって働く分館や配本所や、部局図書室や学級図書室などについて、その数や名称、土地や建物の坪数などを調査することが必要である。もっとも学校図書館の場合は、学級図書室や教員図書室は教室や教員室と兼用の場合が多いから、それらの図書室の数だけに止める。

図書館活動は中央図書館を中心として、蜘蛛《くも》の巣のように分館や閲覧所や配本所などが縦横に連絡しているが、動く図書館としての巡回文庫、貸出文庫、自動車文庫などについての統計調査も必要である。これらの文庫の編成法や貸出法、利用状況などの統計については利用統計の章に譲って、ここには文庫数、名称、巡回・貸出場所などについて調査する。この項目は大学図書館や学校図書館には比較的に無関係である。なお全国でどれくらいの自動車文車があるかを、昭和二十五年の文部省社会教育局の公共図書館調査で調べてみると、都道府県立図書館に所属するものが一二台、市区立図書館に所属するものが三台、合計一五台となっている。その後更に増加して三五台となっている。（『図書館雑誌』一九五二年十二月号）

9. 備品や器具

以上は土地建物または対外活動を主とした図書館施設に関する統計調査であったが、更に建物の内部に施された諸設備や備品や器具に関する調査も必要である。今それらのものを箇条書にすると次のようになる。

1. 視覚関係機具とその個数
映写機(35ミリ・16ミリ)、幻灯機(フィルム幻灯機、ガラス・スライド幻灯機、実物幻灯機)、閲読機(マイクロ・リーダー)、天井投影機(病院図書館用)、顕微鏡投影機、顕微鏡、望遠鏡、デイライト・スクリーン、紙芝居用具、暗幕装置、陳列ケースなど

2. 聴覚関係機具とその個数
蓄音機、電気蓄音機、放送設備、拡声機、イヤホーン、ピアノ、オルガン、ラジオ、テレビジョンなど

3. 閲覧関係器具とその個数
書架、雑誌架、新聞架、バーティカル・ファイル、閲覧机(角机丸机)、閲覧椅子(個人掛、長椅子)、カード・ボックス(二個抽出、四個抽出、九個抽出、三〇個抽出)、出納台、カレルなど

4. 事務関係用具とその個数

和文タイプライター、欧文タイプライター（スミス、アンダーウッド、ローヤルなど）、写真機、引伸機、録音機（テープ・レコーダー、ワイヤ・レコーダー）、撮影機（映画撮影機、マイクロ・フィルム撮影機）、マイクロ・フィルム焼付機、自作スライド用具（手描用具、写真法用具）、消毒器、バキューム・クリーナー、製本用断截《だんせつ》機《き》、ブック・トラック、エレベーター（図書用、人間用）、事務用机、椅子など

10．公民館施設

以上は公共図書館、公民館、大学図書館、学校図書館を通じての、設備や備品や器具などに関する調査対象であるが、公民館だけは特別に調査しなければならない対象がある。すなわち社会教育法第五章以下を通読すると公民館のなすべき仕事として、「公民館は市町村その他一定区域内の住民のために、実際生活に即する教育学術および文化に関する各種の事業を行い、（1）定期講座と開設したり、（2）討論会、講習会、講演会、実習会、展示会などを開催し、（3）図書、記録、模型、資料などを備えてその利用を図るとともに、（4）体育、レクリエーションなどに関する集会を開催し、（5）各種団体、機関の連絡を図ったり、（6）その施設を住民の集会その他の公共的利用に供さねばならない」と記されている〔註・現行の条文では、「第二十条の目的達成のために、おおむね、左の事業を行う。但し、この法律及び他の法令によって禁じられたものは、この限りでない」とあり、「供さねばならない」といった言い方ではない〕。したがって公民館の活動は、一般公共図書館の活動よりも、より広範な活動分

野をもつとともに、その活動のための諸施設や諸設備を必要とする。そのため一般の公共図書館や学校図書館などと同じ備品設備の他に、下記に掲載したような公民館独特の備品や設備を必要とするわけである。もっとも中には学校図書館の調査対象として取り上げなければならないものも含まれているから、必ずしも公民館だけの調査対象だと断定することの出来ないことは云うまでもない。

1. 体育関係用具とその個数または設備
ピンポン用具、バレーボール用具、庭球用具、野球用具、蹴球用具、スキー・スケート用具、その他の運動用具、運動場設備、土俵設備など
2. 娯楽関係用具とその個数または設備
碁、将棋、麻雀、かるた、トランプ、生花用具、マリオネット（操り人形）、キニョール（指人形）など
3. 生産関係用具とその個数または設備
農機具、水産用具、製粉用具、製縄用具、それらの設備
4. 共同生活用具とその個数または設備
共同炊事用具とその施設、冠婚葬祭用具、託児所設備など
5. 保健衛生用具とその個数または設備
医薬用具、薬品セット、理髪用具、共同浴場設備など

11．その他の施設や器具

以上の他に、給水設備、衛生設備、電灯設備、暖房設備、電話設備などの有無を数的に調査することは、各種の図書館を通じて必要なことであろう。なお日々の事務用具として、図書台帳、蔵書印または浮出印《うきだしいん》、寄贈印、消印、ナンバー・リング、電気スタイラス、謄写板、穿孔《せんこう》器《き》、仕訳器なども考えられるが、これらの用具は、図書館としては是非備えつけなければならないものであり、また数量的に調査すること自体に、何らの統計的意味をもたらすものではないから、半紙や鉛筆などの消耗品と同じ意味に解釈して、財産統計の対象とはしない。

12．被害調査

最後に財産統計として、戦災、火災風水害、震災、雪害などの被害程度とその復旧状態を調査することも、戦敗国としてまた天災地変の多い国として必要なことである。被害には防空防火のための取りこわしを含み、復旧には別の場所に代わりの建物を入手した場合を含む。

Ⅱ　財政統計の意義と範囲

どんなに優秀な図書館員がいても、またどんなに立派に図書館建築や設備が充実していても、経費が潤沢でなければ図書館の経営は充分になされるものではない。図書館の経費の多寡《たか》は実に図書館経営の死活を握《にぎ》るものである。これは独り学校図書館だけの問題ではなく、公共図書館や公民館や大学図書館共通の問題である。しかも財政的に緊迫が訪れると、第一に槍玉《やりだま》にあげられるのは、いつも、最も不生産的だと思われている図書館である。

図書館の経費に関する統計は、従来図書館統計では財政統計と称せられて来た。財政統計は図書館の金銭の収支に関する統計で、実業界の会計簿記で取扱われるものと、同じ性質のものである。したがってそれは収入の面と支出の面の二つに大別して考えることが出来る。

ところでまず収入の面であるが、図書館事業は営利事業ではなくて全くの奉仕事業であるから、収入といっても、図書館事業から入る収入は一応ないものと思わなければならない。したがって図書館の財政統計の収入は専ら他に依存するわけである。例えば公立図書館はその設立母体である都道府県市町村に、国公立大学図書館は国または各府県に、私立大学図書館は学校法人に、学校図書館はそれぞれの設立母体である都道府県市町村に依存する。

このように図書館経費の収入については、その図書館の設立の種別に応じて千差万別であるから、したがって経費の出所母体の異なるものを、一律に比較することは困難である。けれども支出された費目と支出された金額が、どの方面にいくら使われ他の方面にいくら費されたかという使い方の方面と金額については、比較することが可能であり、したがって使途について研究することは、今後の図書館経営の経費がいくらほどあればよいかという予算の編成に役立つであろうし、またその経費はいかなる方面にいかほど使用することが妥当《だとう》であるかなどの目安を決める上にも利用することが出来る。

もっとも、私立大学や小学校・中学校・高等学校図書館では、ＰＴＡの後援とか生徒負担とか色々の名目の補助金もあるから、これら予算外図書館費の出所と金額などを調査することも、決して無意義ではない。また公立図書館や公民館などでもこれらとは別に、維持運営資金の別途収入があったり、後援団体などからの補助を受けているものもあるから、したがって収入面での公費以外の金額と出所とは、是非とも調査しなければならない。

経費に関する統計は、大きく分けて収入と支出の二つに分けられるのであるが、収入と支出はまた、それぞれ経常費と臨時費の二つに分けることが出来る。更に別の観点から、予算と決算との二つに分かたれる。図書館統計としての経費に関する統計は、専ら決算面の数字であって予算面の数字ではない。予算はいくら計上されていても、それは仮空《かくう》の数字であって現実の数字ではない。収入予算をどんなに過大に見積っても、現実に実行予算が編成されなかったならば無意味である。したがって収入予算にしても、支出予算にしても、ただ単なる申請予算は図書館統計としては採り上げても無意味である。図書館統計の要求するものは専ら実行予算または決算額である。

このために、経費に関する統計で、特に予算金額を要求されない時は、報告事項として記載される数字は、総べて前年度の決算額を求めているものと考えて間違いはない。それは予定された収入部門と収入金額や、予定された支出部門と支出金額が問題となるのではなく、実際に収入があり実際に支出された部門と金額が問題とされるからである。

しかし、だからといって、編成予算そのものが無視されてよいというのではない。過去において実際にいかにあったかを知ることは、過去の事実についての知識そのものが貴いからではない。過去の事実に関する知識を基にして、将来の計画を科学的に樹立する参考資料に資するにある。過去の事実そのものは、経費に関する現実の決算額であり、将来の計画そのものは予算の立て方にある。したがって我々が図書館統計の経費に関する調査を実施するのも、実は確実な資料に基づく予算を立てるためである。この意味から、決して予算そのものを無視するのではなく、予算編成を重視するが故に、過去の決算状態を知ろうとするものである。したがって予算額のみの統計表は効力少なく、経費に関する統計は必ず前年度の決算額で対比すべきであろう。

1．収入について

さて本論にもどって収入の部であるが、公共図書館では収入項目を次の六項目に分けて考えることが出来る。

1．都道府県市町村費

これは都道府県市町村立図書館が、都道府県市町村から支弁される経費である。公立図書館ではこの経費が図書館費の根幹をなしている。公民館では、時に社会教育法第三十四条の規定によって特別会計を設けることもある。

2. 基本財産収入

これは基本財産としての有価証券、または預金から生まれてくる収入や、同じく基本財産としての土建建物の賃貸料や山林田畑などの不動産物件から生まれてくる収入や、積立金などから生まれてくる利子収入などを指す。

3. 補助金

公立図書館では図書館法第二十条以下の規定によって国庫から補助金を受けることが出来るし、また公民館でも社会教育法施行令の第二条第三条の規定によって、国庫補助が受けられる。また私立図書館では後援団体からの補助金が期待出来る。

4. 寄附金

これは説明するまでもなく、一般人または後援団体からの、一時的または永続的な寄附を指す。

5. 事業収入

専ら事業による収入である。すなわち公費収入基本財産収入寄附金以外に、閲覧料を徴収したり、入館料を徴収したりした場合の収入である。もっとも、公立図書館では、図書館法第十七条の規定によって、入館料その他の図書館資料の利用に対する料金は徴収出来ないことになっているので、今後は閲覧料入館料に類した収入は考えることが出来ない。したがって閲覧料入館料などについては、専ら私立図書館だけがその対象となるわけである。

6．その他

前記以外の収入または借入金などである。

公共図書館の収入は大体以上の様であるが、学校図書館ではどのようになっているか。学校図書館基準には経費は公費で支弁するのを原則とすると記されて居る。しかし実際には図書館経費総額に対し公費の割合は非常に少なくて、図書館経費の大部分は非公費によって賄われている。大阪市教育委員会事務局社会教育部の、『月刊・学校図書館』第19号別冊第11頁第8表の中から、図書館費の出所別%を拾い上げてみると、図書館経費の出所を公費、PTA、生徒負担、その他の四項目に分けて、次のようになっている。

1．小学校では、図書館費総額の中、公費が18%、PTA負担が58%、生徒負担が21%その他が3%

2．中学校では、公費が7%、PTAが44%、生徒負担が47%、その他が2%

3．高等学校では、公費が13%、PTAが49%、生徒負担が38%、その他無し

上例のように、比較的文化の進んでいると思われる大阪市でさえもこのような状態であるから、地方に進むにしたがって図書館費の獲得は更に困難なのではないかと思われる。今後は図書館費の大部分がPTA負担であるといった不健全を避けて、公費一本建てで進みたいものである。だからと云って目下の地方財政としては、急速に図書館費の増額を極端にまで押し進め

られない以上、公費やＰＴＡ負担以外に図書館経費獲得の方法を講じなければ、新教育による図書館中心の教育は実施不可能となる。ここに全国的なこの種統計資料を必要とし、一方には公費支弁獲得運動のデータとするとともに、他方図書館費捻出《ねんしゅつ》の資料ともしたいものである。

２．支出について

図書館費の支出については、その使途が明らかにされなければならない。殊に図書館統計としては、図書館費の支出金額の中、幾何が図書費に使われるかということに関心を持つ。何故かというと、図書費に費される金額の多寡は、直接その図書館の経営に大きな関係を持つからである。図書費の金額の多寡は、間接には他の諸経費との均合をも考慮させるようになる。すなわち図書費と人件費や維持費や運営費などの割合が問題になる。人件費ばかりが嵩《かさ》ばっても図書費やその他の費用が少額では困るし、また図書費ばかりが嵩ばっても、人件費がそれに伴わなければ図書整理に消化不良を招く。そこでどの程度の割合に、図書費人件費維持費運営費を保てばよいのかということが問題になってくる。

そこで文部省社会教育局の公共図書館調査（昭和二十五年十一月三十日現在）を基礎にして、次表を作製してみた。

第1図　公共図書館における人件費・資料費・その他の経費の割合
（文部省社会教育局：公共図書館調査に拠る）

館種＼区分	人件費	資料費	その他
都道府県立	七六、六三四、一四六円（35％）	六五、八八五、九二五円（31％）	七三、二四三、三三〇円（34％）
市区立	八〇、八二六、七二七円（47％）	五四、七〇九、四三七円（31％）	三九、一六〇、三五九円（22％）
町立	一一、三一五、一五八円（32％）	一三、九六一、〇一三円（40％）	九、九八三、四九六円（28％）
村立	一、七六九、四九七円（17％）	六、七九八、八〇三円（64％）	二、〇二四、九九〇円（19％）
私立	五、三〇三、五九二円（35％）	三、三一八、二七七円（22％）	六、四二八、七九五円（43％）

註：本表の計算方法では、例えば都道府県立に例を採ると、次のようにした。『公共図書館調査』53頁の「前年度の収入および支出」表から、「資料費」としては次のものを合計し

図書購入費　五〇、八〇六、五八三円
視聴覚資料費　九、九八六、三九二円
製本費　五、〇九二、九五〇円

「その他」としては次のものを合計した。

資料費以外の経常的維持運営費　三〇、二〇七、五八〇円
新営および修繕工事費土地建物購入費　三六、二一五、五一三円

臨時設備費　三、三三八、二四四円
その他　三、四八一、九九三円

これによってみると、人件費は市区立図書館が一番潤沢であり、村立図書館が一番人件費を節約していることがわかる。これを裏返して云うと、市区立図書館では資料費に案外沢山支出していることがわかる。その代わり村立図書館では資料の整理に力を注ぎ、村立図書館では館員に専門職のいないことを物語っている。私立図書館はまた、目下建物その他の設備に力を注いでいるのであろう。というのは私立図書館が篤志家《とくしか》の経営である以上、そのようなこともっとももなことだとうなずかれる。

3．予算書の款・項・目

図書館費の予算書や決算書の款《かん》、項《こう》、目《もく》、節《せつ》の立て方は、公立図書館と私立図書館、学校図書館と大学図書館とでは色々と事情が異なるため、一律に律することは出来ないが、昭和二十六年十月刊行の『北海道図書館要覧（開館二十五周年）』第25頁所載の昭和二十六年度予算表を借用して参考のため、転載する。この内容を見ることによって、図書館費の予算の立て方または決算書の作製方法と、その項目内容がわかるだろう。

款、教育費
項、社会教育費
目、図書館費

節、旅費、雑手当、賃銀《ちんぎん》、消耗品費、燃料費、食糧費、印刷製本費、光熱費、通信運搬費、借料および損料、筆耕料、修繕料、工事請負費、負担金補助および交付金

第3章　組織に関する統計

I　組織に関する統計の意義

一つの図書館が科学的に統一を保って経営されるためには、その図書館のあらゆる面が組織立てられていなければならない。科学的な合理性を欠いた図書館は、何らの秩序をも保つことが出来ず、進歩性発展性を期待することは出来ない。したがってまず組織の完備されることが何よりも先決である。図書館のあらゆる面が組織立てられるということは、大なり小なり人間との連がりにおいて体系づけられるということである。つまり図書館の組織の問題は、人間との関連なくしては考えられない。それが表面上たとい人間との連がりが稀薄《きはく》に見えていても、最後は人間との関係を持って来る。図書館経営はもちろん、他のどんな事業でもそうであるが、まず適材適所に人間を得なければならないといわれる所以である。

図書館での組織は、人的組織と事務組織の二つに大別することが出来る。人的組織というのは、図書館専門職員と事務職員と技術職員と補助職員と作業員などの人間そのものに関する組織であり、事務組織というのは、それらの人々が従事する仕事の内容、仕事の分担、その他、図書分類の組織、図書目録の組織、図書閲覧の組織などの館務に関する組織である。

Ⅱ　人的組織

まず最初に人的組織から考えてみたい。図書館の内容がその図書館資料の量と質とによって決まるとするならば、図書館の機能はその図書館の図書館員の数と質とによって決まる。したがって図書館活動が完全になされるためには、まずその図書館に勤務する図書館員の質を改善し、その数をふやさなければならない。この意味から図書館員についての色々の調査研究が必要とされるわけである。図書館員についての調査は多くの角度からなされることが望ましい。人間は他の物件とは違った色々の特性を持っているからである。

1．職種と職名

人的組織はその職責によって色々に区分することが出来る。その区分については、第1章第2節第4の館員の所に列記しておいたが、館長以下司書補まではいわゆる図書館専門職員であって、それらの人々は、図書館法第四条第五条第六条に規定された有資格者でなければならない。〔註・館長に関しては、図書館法第十三条三に「国から第20条の規定による補助金の交付を受ける地方公共団体の設置する公立図書館の館長となる者は、司書となる資格を有する者でなければならない。但し、当該図書館の館長となる者のうち、都道府県又は地方自治法（昭和22年法律第67号）第252条の19第1項の指定都市（以下「指定都市」という。）の設置する図書館の館長となる者及び指定都市以外の市の設置する図書館の館長となる者は、更にそれぞれ3年以上又は1年以上図書館の館長又は司書（国立国会図書館又は大学若しくは高等専門学校の附属図書館の職員でこれらの職員に相当するものを含む。）として勤務した経験を有する者でなければならない」という規定があったが、平成20年の法改正の際に撤廃された」

書記、書記補はいわゆる事務職員であり、技士、技士補は技術職員である。図書館法第十三条には、明瞭に事務職員、技術職員の名称が使用されている。しかし技術職員についての資格的な名称は何ら使用されて居らない。また映画技術者（作製および映写を含む）、マイクロ・カード作製技術者、マイクロ・フィルム作製技術者、写真複製技術者、録音技術者、製本技術者などの特別技術者に使用する用語で、図書館専門職員としての司書司書補の用語のように、広く全国的に公認されているものはない。そこで本書に使用した技士、技士補という言葉も未だ決定的なものではない。ただ昭和二十六年十月開催された第十二回私立大学図書館協会の総会の席上、委員附託となった「図書館員の職名統一の件」として上提された議題の委員会において、初めて使用されたもので、一応私立大学各当局宛の建議事項の中に一緒に盛り込まれたものである。

雇員、傭員については、図書館法には何らの規定もない。臨時雇とか嘱託のような雇員を補助職員とし、館丁または給仕のような傭員を仮に作業員と名づけてみた。これらの人々を計算に入れない図書館員の統計調査は片手落ちであろう。昔から我が国の図書館界でよく使用されて来た出納手《すいとうしゅ》は、参考事務に関係するか否かによって、補助職員か作業員かに入れるべきであろう。

公民館図書室の職員については社会教育法第二十八条をみても具体的な規定はなく、「館長その他必要な職員」という文句で云い表わされているばかりであるから、公共図書館に準じて考えればよいであろう。〔註・改正後は、「公民館の館長、主事その他必要な職員」と「主事」が追加されている〕

学校図書館の職員については、学校図書館基準の第五「人の構成」でその標準が示されて居り、昭和二十七年五月の学校図書館基準改正案では、更に詳しく示されているので、是非とも参照されたい。

なお学校図書館では、一方には図書館教育の一方便として、また、他方図書館事務を手助けさせる意味から、生徒委員または生徒助手の制度を活用する必要がある。まず生徒委員または生徒助手については、人数、性別、学年組別などを調査し、次にその選出の方法について調査する。また、選出方法としては、選挙、希望、推薦、その他の四方法が考えられる。選挙方法については無記名単記とか、有記名連記とか色々考えられるが、いかなる方法が民主的であるかなどということを調査することが目的ではないから、ここではそこまで調査する必要はない。むしろ生徒委員または生徒助手については、それらの生徒にやらせている図書館運営または図書館事務の内容について検討し、どの程度図書館事業に参画させるかの標準線を発見すべきであろう。この点については、後ほど館員一般の事務組織と関連して取扱うこととする。

大学図書館の職員については今のところ何らの規定もない。しかし大学図書館の職員の資格が、公共図書館員の資格よりも低くてもよいという謂われはない。最近決定された大学図書館基準では「司書は大学における図書館員養成課程の終了者またはこれと同等以上の能力を有する者でなければならない」とし、国立大学図書館改善要綱では「文部省は大学図書館職員の養成計画をたて、なるべく早く実施すること。」と示している。

大学図書館の職員は公共図書館の職員と違った性格を有つために、現行図書館法の中に大学図書館および学校図書館関係の法規をも挿入して、図書館法を一元化しようとしたり、別に大学図書館法を独立に制定しようとする動きもあったが、学問の自由を尊ぶ大学に、それを束縛するような法規を設けることは、好ましからぬことだというので反対論が出て来たり、文部当局にもその意志のないことが表明されて沙汰止みとなっている。そして更に、大学図書館の職員は、公共図書館の職員と性格を異にするものであるから、現行図書館法による司書講習による単位修得については、公共図書館に転出する希望のない限り、不必要だとされている。

2. 学　歴

図書館員の学歴は司書または司書補の資格の重要な要素の一つとなっている。しかし学歴は司書司書補資格の重要な要素の一つではあっても、学歴と司書資格とは等しいというのではない。地方に行くと現に小学校だけしか出ていないで、図書館に長年勤務している熱心な図書館員もあり、また都会では外国の大学で図書館学を専攻した図書館員もいる。これらは具体的にいかなる現状にあるかを調査する必要がある。学歴の統計調査に当たっては、したがってこれを二つに区分する必要がある。一つは一般的教養としての学歴であり、他は特殊的教養とも云うべき図書館学的教養である。一般的教養については、学制改革のため画一的に表示することは難しいが、新制中学以下を一群とする義務教育群団と、(したがって、これには高等小学校卒業者を含む)、旧制中学新制高校卒業者の一群と、旧高専および短期大学卒業者の一群と、四年制大学および旧制大学卒業者の一群との四群とし、今度修士および博士課程として誕生した大学院卒業者および外国留学者の一群を追加してみた。これを学歴何年として、年数歴にすることも統計調査法としては、却って正確を期し得られる。全国的な一般図書館統計などで試みに採用して貰いたい。

次に特殊的教養としての図書館学的教養であるが、図書館法国会通過以前の我が国図書館界の組織と、図書館法通過後の新組織と睨《にら》み合わして、第1章第3節図書館統計の体系中、4の3に(27~28頁参照)その具体例を掲げておいた。各項目については説明を省略することとし、もし司書教諭の資格として図書館学十五単位修得制が確定すれば、その項目を一項目として追加しなければならない。

３．勤続年数

図書館員としての勤続年数は、学歴に次ぐところの重要な要素の一つである。衆知の通り図書館の仕事が特別の専門職として、アメリカでは牧師、弁護士、教授とともに、誰でもいつでも出来る普通の仕事と区別されて居り、したがってその経験年数というものは、他の職業におけるよりも更に尊重される必要がある。日本図書館協会が、図書館勤続功労者表彰を実施するのももっともなことである。この経験年数ということについては、大学図書館では特に重視すべきことだと思う。それは大学図書館としては学歴の有無に拘らず、ある一つの学問の分野において、特別に優れた書誌学的文献学的素養のある図書館員の居ることが、その図書館の属している大学の学的水準を高める上に、重要な役割を果たすからである。経験年数の区分については、三年未満、三年～五年、五年～七年、七年～十年、十年～十五年、十五年～二十年、二十年以上の七段階を考えてみた。これらは必ずしも不変のものでないことは云うまでもない。

４．俸　給

さて次には俸給の問題であるが、給与は図書館活動の機能の消長を左右する源動力である。我々図書館員もまた人間である以上、衣と食と住とは最大関心事である。霞《かすみ》を喰って生活する者でない以上、高給を得たいと思うことは人情の常である。幾度か困難があったけれども、昭和二十七年四月二日の人事審議官会議で司書職が専門職種として認められることになった。これは誠に慶ぶべき事柄である。

しかし現在の給与状況を適確に捉えることはなかなか困難な事情にある。戦後度重なるベース・アップの結果、給与体系も給与金額も朝令暮改《ちょうれいぼかい》の有様で、自分の今の給与がどの程度であるのかさえ判らないといったのが、公務員としての図書館員の現状である。たとい確定的な金額が判明したとしても、6・3ベースとか、一万円ベースとか、更に一万三千円ベースとか云われるように、何回も変更がある以上、調査終了の時には既に世の中の情勢が変わっているといった状態である。したがって給与の調査はなかなか困難ではあるが、いずれにしても給与は、図書館活動の機能の消長を左右する源動力である以上、これに関する精密な統計調査は是非ともなされねばならない。

しかしまた一般に私立図書館や私立大学図書館では、館員の俸給が果たして腹蔵《ふくぞう》なく正確に報告されるかどうかが疑わしい。それは私立関係の図書館では、一般に公務員より給与は低いとされるからである。殊に宗教関係の図書館では、祖師に対する奉仕の名目が使用される傾向がある。これはただ感じだけの問題で一般的ではなかろうと思われるだけに、正確な統計調査への協力が望まれるわけである。目下のところ俸給に関する統計で私立図書館関係については、文部省社会教育局の公共図書館調査があるばかりである。館長の最高一四、四一六円、最低五、〇〇〇円、司書の最高一六、九一八円、最低五〇〇円、司書補の最高九、七三七円、最低

一、二〇〇円で、いずれも一切の給与を含んだ税込の金額となっている。(昭和二十五年調べ)

5．館員の館界への業績や図書館学講座

館員に関する職種、学歴、勤続年数、給与などの調査の他に、個人調査として大学卒業者の専攻学科調査や、図書館学または書誌学に関する業績調査としての著書、論文、所属図書館団体役職などの調査も必要である。また、これと同時にその図書館において、現に採用している図書館員再教育の方法や、図書館学講座などの内容や館員養成方法を調べることも必要である。もっとも図書館学講座などは学校図書館や公共図書館などには関係のない項目で、専ら大学図書館がその大学で実施しつつある事柄について調査するわけである。調査に当たっては聴講者を館種別、職業別、性別、年齢別、地域別などに分類して、それぞれの統計表を作製したり、統計図表に作製したりすることも興味ある結果が見られるであろう。

Ⅲ　事務組織

1．事務組織

公共図書館での司書および司書補の職務内容は、昭和二十五年九月の文社施第三七〇号文部事務次官通牒によって明らかにされた。それによると職務内容は総務、整理および奉仕の三

種に大別して、詳細に記されている。これが大学図書館では、大学図書館基準関西案の（3）の（1）の（5）において総務部・調査部・受入部・目録部・保管部・閲覧部・渉外部に分け、それぞれの下に詳しく係名が挙げられている。また大学図書館基準関東案では第七の（1）に、事務分掌上設けられるべき基本的係として、（イ）庶務・会計（ロ）受入（ハ）目録（ニ）閲覧の四つを簡単にあげている。

昭和二十三年八月二十六日施行され、その後度々改正された国立国会図書館組織規程をみると、一局、六部、一分館および二十六支部図書館を置くことになっている。その中の一局、六部が普通の図書館の事務組織に該当するものであるが、国立国会図書館設立の目的が国立国会図書館法に規定されているように、普通の公共図書館や学校図書館と異なって特別な性格を持っている。

（1）管理部　（2）調査および立法考査局
（3）一般考査部　（4）支部図書館部
（5）受入整理部　（6）国際業務部
（7）建築部

公民館の事務組織については別に基準は設けられていないが、次のような広い事務組織が考えられる。

（1）図書部　（2）集会部

(3) 体育保健部　(4) 社会事業部
(5) 教養部　(6) 産業部
(7) 調査部　(8) その他

学校図書館についても別に事務組織についての基準は設けられていないが、例えば次のようなものが考えられる。

(A) 教師側としては
a. 施設部　b. 整理部
c. 指導部　d. 調査部
e. 展示部　f. 編集部

(B) 生徒側としては
a. 整理係　b. 指導係
c. 調査係　d. 展示係
e. 編集係

学校図書館では以上の他に、例えば視聴覚部を設けてその中に放送部と映画部を設け、教師側には技術係、企画係、研究係などを配置し、生徒側には技術係、演出係、伝達係を配置するなどその活動範囲は極めて広い。したがってまた事務組織も広範である。

以上、各種図書館の事務組織を考えてみたのであるが、要するに図書館の事務組織というものは、区々様々であって、これを基準から離れて各図書館について見るならば、更に色々と様相が異なってくる。その理由は明らかである。すなわち複雑多岐な職務内容の各持ち場をどのように組み合わせて、どの館員に分担させることが最も能率的であるかということのために、それぞれの図書館では各部署の人員配置を考える必要があるからである。そのために一時的に事務組織が決定され、それに基づく職務分担がなされても、時の経過や首脳者の交替などのために、その組織や分担の変更を余儀なくされるものである。時の経過による変更というのは、立案当時最も能率的な組織であったと考えられていたものが、実際に実施してみると月日の経過とともにその非合理性や矛盾性が発見されて、最初立案された事務組織に変更を来たさねばならなくなることを指し、首脳者の交替による変更というのは、首脳者の図書館経営方針の変更による事務組織または事務機構の変更を指す。

したがってどの図書館でも整理事務などでは同じような仕事をして居りながら、図書館活動の様相に色々の違いがあるために、図書館統計の対象として事務組織なり事務機構なり事務分掌などを一様に取り上げることは、誠に厄介なものとなる。しかもこの問題ほど、どの図書館でも最も知りたがっている方面はなかろう。例えば「あなたの方の図書館では整理に何人がかかって居られますか」とか「閲覧には何人かかって居られますか」などの質問のやりとりは、図書館界での日常語となっているほどである。

これに適確な解決を与えるものは、図書館の科学的な実態調査以外に方法はない。それは第一に図書館の大小に関係する。第二に分類組織に関係する。第三には目録組織に関係する。第四に図書館活動の色々の分野に関係する。第五には経費にも関係する。このように色々の分野に関係するものであるから、これらの諸関係を科学的に調査しなければ明確に判定することは出来ない。そこで本書においては特に別章に経営統計を設けて解説することにした。

事務組織は一見して理解出来得るように、図表化することが望ましい。事務組織のような図表を系統図表という。別に例をあげて説明する必要もないからここには省略する。

2. 生徒助手制

次に大抵の学校では事務機構の中に生徒助手の制度を採っている。そしてそれらの生徒助手は普通委員制度となっている。委員の選出は大抵選挙制であるが、選挙制を採らないで委嘱《いしょく》制や希望者制の助手制度を採る場合もある。生徒助手の係の配置については、整理係、指導係、調査係、展示係、編集係などが考えられているが、これらはあくまでも補助的役目を果たすものであって、最後の責任はやはり司書教諭または教員司書が持つべきである。今生徒に手伝わすことの出来る仕事の内容を列挙してみると、（1）整理事務（2）貸出事務（3）記録事務（4）整頓事務（5）企画事務（6）宣伝事務（7）編集事務（8）視聴覚事務などである。以上は仮に項目的に挙げてみたのであるが、その学校の図書館経費や設備などによって、更に増加するかも知れないしまた逆に減るかも知れない。しかし図書館統計として問題になるのは何人の生徒が、どんな風にして協力しているかということである。云うまでもなく生徒助手制度の活用は司書教諭や学科担任や事務助手などの指導監督なくしては実行し得ないわけであるが、図書館統計では生徒助手の仕事の内容を詳しく調査する必要はない。ただ何人の生徒が、どのように分かれて、毎日かそれとも週間のある曜日だけか、またそれは何時から何時まで何時間か、日曜はどうしているかなどの事柄についての数的な事実を必要とするのである。そして最も有効的に図書館教育が実行し得て、しかも図書館経営の助けとなるための統計的な資料が得られることが望ましい。

3．勤務時間・休日制度

事務組織の一環として勤務時間についての調査も必要である。昼勤、夜勤、休日出勤、宿直制に伴う交替制度の実情を調査したり、昼食時の閲覧関係事務や受附関係事務などが、どのように合理的に行われているか、居残勤務が労働基準法と抵触しないために各館でどのような処置を採っているか、今後はどのように執務時間に対する方針を採ればよいかなどは、働く図書館員として重大な関心事である。

参議院調査部から刊行された『国会図書館に関する調査資料第一集』（昭和二十二年五月二十日発行）の、「アメリカ国会図書館と職員」の部分をみると、その「職員規定」の勤務時間は次のようになっている。

毎週四十八時間　一週六日　一日八時間勤務

平均して午前八時半から午後五時十五分まで

昼食時四十五分更に毎日午前午後一回十分間休憩
この休憩時間は累算されないから半日の中にとる必要がある。

この午前午後の休憩制度は同志社大学図書館でも、三年前から実施して館員の保健上多大の効果を収めている。一度全国的に調査してみたいものである。

勤務時間に続いて館員に対する休暇制度を調査する必要がある。第一章では休暇制度の調査を第十三項に入れてみたが、ここでは関連上ここで取り上げることとした。学校図書館を除く他の図書館では、普通労働基準法に基づいて年間二十日間の有給休暇が与えられることとなっている。大学図書館でもこの制度になりつつある。しかし調査に基づく資料がないので判明しない。

一九五二年コロンビア大学出版部から刊行されたアリス・I・ブライアン［Alice Isabel Bryan］著『ザ・パブリック・ライブラリアン』［The Public Librarian; a Report of the Public Library Inquiry］によると、その第218頁以下に次のような記事が掲載されている。専門職員（司書）の年間病気休暇の日数は、中心図書館で十五日、大図書館で十四日、中図書館で十二日、小図書館では五日以内、州立図書館は十二日、それらの平均は十一日となっている。また有給休暇としては一年から三年間の勤務者に対して、中心図書館二十四日、大図書館二十二日、中図書館二十日、小図書館十八日、州立図書館十八日で、平均十九日となっている。ただし補助専門職員（司書補）に対しては、一年から三年の勤務者でも年間十一日の休暇しか与えられていない。もっとも以上の日数の長短は、図書館の大小によって色々であって、一概に云うことは出来ないのであるが、中には、二十五年勤務の専門職員に対して一箇月ないし二箇月の有給休暇を出す中心図書館もあり、中図書館でも七年勤続者に三箇月ないし四箇月の賜暇《しか》を認めたり、研究のためならば一年間でも賜暇を認める図書館もある。もちろんこのような場合は無給である。このようなアメリカの現状と照らし合わせて、日本での場合はどうであろうか。人的不足のために労基法で定められた有給休暇も返上し、図書館学の研究などは思いもよらないというのが現状ではなかろうか。

4. 図書館委員会

以上は一つの図書館の内部に執務するところの、専門職員技術職員補助職員作業員などを、その人的組織や事務組織の面から考えてみたのであるが、図書館の運営にはこれらの人々に協力する外廓団体のあることに注目しなければならない。公共図書館について云うならば、図書館法第十四条に規定されているところの「図書館協議会」であり、公民館では社会教育法第二十九条以下に規定されているところの「公民館運営審議会」であり、学校図書館では、学校図書館基準の基本原則の（2）によって組織されるところの「学校図書館委員会」であり、大学図書館では大学図書館基準の（2）の（1）の（3）の「図書館委員会」である。

これらの団体は、衆知の通り、図書館と図書館利用者の中間に在って、図書館の意志を図書館利用者を含む地域社会に伝え、図書館利用者を含む地域社会の要求や意志を図書館に伝えるという媒介の役割を果たすものである。この相互の意志伝達機関としてのこれらの団体は、云うまでもなく政党政派学閥宗派門閥財閥など一切の色彩を避けたものでなければならない。

そこで図書館統計としては、協力団体の内容を分析するために委員の資格の内容や、協力団体自身の協力方法を調査する。例えば公共図書館の図書館協議会委員および公民館運営審議会委員の、職業別・年齢別・性別・学歴別などを調査したり、学校図書館では児童生徒の学校図書館委員会委員の性別・組別・人数・学科の好みなどを調べたり、大学図書館では大学図書館委員会委員の大学での職務・担当学科目・人数などを調査する。そして全国的に資料を蒐集した時、図書館運営の協力団体の傾向が判明するものと思う。また協力団体そのものの協力方法としては、委員の任期・選出方法・定例臨時の会合数・協議事項などを調査する。これらの統計調査については、未だその資料を入手したことがないので、本書には掲載することが出来ない。

5. 図書館学研究機関など

次に図書館学研究機関の有無、加盟図書館団体名と入会者数、館員の健康管理などの問題があるが、これらについては別に説明を必要としないと思われるので、ここにはその説明を省略することとし、調査細目については第1章を再度参照されることを希望する。

Ⅳ　分類組織

近代図書館は図書と目録とを連絡する記号を定めて、これを媒介として図書の利用や出納に便利なような方法を採っている。そのために和装本・洋装本別にしたり大小別にしたり受入番号順にすることを止めて、専ら主題を同じうする図書を一つの群として、これを分類や排列の基準にする。

ところが図書の分類は分類係個人個人が、各自の独断で実施したのでは、その間に何らの統一も組織もないために、不便である。そこで図書の分類には、一定の図書分類表を利用する。この場合の図書の分類表とは、まとまった概念を表わす言葉としての名辞の図表である。この名辞の図表としての図書分類表が、全国的にただ一種であれば図書館統計の対象とはならない。しかし図書分類表には、実に様々な種類のものが、古今東西に亘って使用されている。しかも一度採用された図書分類表は、時間と労力と経費などの上から、なかなか破棄されないというのが図書館界の現状である。そこで現実に各図書館ではどのような図書分類表を使用しているか、云い換えると、その図書館の分類組織はどうなっているか、更にこれを全国的にみた時どのような方法を採ればよいかなどについて、実際状況を調査する必要が生じる。

さて、分類組織の調査についてはまずはじめに使用分類表の名称を調べること、次にその分類表の適用は和漢書ばかりであるかそれとも洋書ばかりであるか、あるいは和漢書洋書両方に適用しているかどうかを調べる。新しく図書館界に入って来た者は、このような第二番目の調査は不必要で、当然和漢書洋書は同一体系で分類しなければならないものだと思い決めているかと思う。事実同一体系で分類されていることが望ましいのである。しかし現実にはそのようにはなっていない。ダウンズ氏［Robert Bringham Downs GHQ民間情報教育局特別顧問として一九四八年来日し、国立国会図書館に関して勧告を行う。彼が図書館学校設立に関して一九五〇年に再来日した際、小畑は同志社の代表として応接した］の国会図書館に対する勧告［「国立国会図書館における図書整理、文献参考サービスならびに全般的組織に関する報告」、通称「ダウンズ勧告」］も二本建てになっている。また昭和二十六年三月三十一日現在の私立大学図書館協会の実態調査をみても、天理大学や日本大学など十八箇校の分類は、和漢書洋書ともＮＤＣによっているが、中央大学や学習院大学など七箇校の分類は、和漢書にはＮＤＣを、洋書にはＤＣを使っている。

また分類表使用については、上記の区別の他に、更に架上用であるか目録用であるか、それとも両者併用であるかの区別と、更に総表使用か一部使用かの区別を調査する必要がある。

独自の分類表の場合は、例えば学校図書館などで教科別の分類表を使用している場合、それは数字使用か文字使用か、十進法か非十進法か、数字文字混用かを調べる。既成分類表で説明すると、ＤＣやＮＤＣは数字を使用し、ＥＣは文字を使用し、ＬＣは数字と文字と混用している。また数字を使用しても、非十進であるものと、DCやNDCのように十進の分類表とがある。

　分類組織については、更に分類替や排架について調べる。排架とは図書の書架上における排列である。調査項目については第1章を参照されたい。なお排架については、図書記号も同時に調査する必要がある。分類は必ずしも図書だけになされるものではない。視聴覚資料としてのレコードやフィルムにも、また特殊資料にもなされる。したがって図書館統計中の分類組織の調査の中には、当然視聴覚資料を含めた特殊資料の分類表についても調査しなければならない。もっともNDCを見てもレコードやフィルムの分類については、それぞれの箇所で指示してあるが、図書と形態を異にしたこれら視聴覚資料を含めた特殊資料の分類には、当然別体系の分類表を必要とし、また書庫での位置や利用場所についても、当然図書の取扱いとは別個であることが望ましい。けれども今までのところこれらの図書以外の特殊資料の分類表については、未だに標準的なものが出来上がっていない。したがって他図書館で使用している分類表を借用するか、あるいはその図書館独自の分類表を考案して使用するかの他はない。このために視聴覚を含む各特殊資料の分類表についての調査からは、統計的な意義を発見することは極めて少ないと思われる。けれども図書館統計としては、特殊資料の分類表の調査についても一応取り上げなければならない。なお「視聴覚を含めた特殊資料」という言葉の表現については、第4章図書館資料で詳述したい。ここに調査対象となるものは、レコードの分類表、フィルムの分類表、特殊印刷資料の分類表、美術品模型などの分類表などである。

Ｖ　目録組織

どんな図書にも必ず目次というものがあるように、一つの図書館にはどんな図書や資料が収蔵されているかということが、自由に手軽に判るために、必ず目録が備えつけられていなければならない。したがって目録はその図書館の所蔵図書や資料の内容と所在を示す案内者であると云える。

図書館統計の対象としての目録組織は、まず外的形式からカード式と冊子形と加除式の三種に分かたれる。カード式は更に一枚書きと印刷とに分けられる。一枚書きは文字通り人力によってペン書きする場合と、一枚ずつ邦文タイプライターか欧文タイプライターでタイプライティングする場合とがある。また印刷による場合は、謄写印刷による場合と活版印刷による場合が考えられる。なお冊子形目録というのは書冊の形をした印刷目録であり、加除式目録というのはルーズ・リーフ式の目録である。

目録の外的形式の調査の次には、目録の編成形式を調査する。目録の編成形式については、著者・書名・件名・辞書体・分類・書架の六目録が考えられる。これらはまた二つに大きく分けて、事務用と閲覧用に分けられる。この場合書架目録は函架《かんか》目録ともいい、純粋に事務用に使われる。そこで一番望ましい目録の編成は、事務用閲覧用ともに辞書体目録と分類目録を備えつけることである。しかし現実には、ある図書館では洋書については著者目録、和漢書については書名目録といった風に、完全に揃《そろ》っていないのが現状である。したがって全国的に目録組織がどのようになっているかを調査することは、図書館現象を理解する上に是非とも必要なことである。今目録組織のあらゆる可能な姿を記号によって表わしてみると、次のようになる[第2図参照]。

第2図　目録編成形式調査表

種類＼区分	閲覧用 和漢書	閲覧用 洋書	事務用 和漢書	事務用 洋書	その他
A					1. 書架目録 2. 誌名目録 3. 叢書名目録 4. 総合目録（学内・管内学術団体など） 5. 展観目録 6. 接受図書目録（他館から寄贈または購入）
T					
S					
D					
C					
A＋T					
A＋S					
A＋C					
T＋S					
T＋C					
C＋S					
C＋D					
A＋T＋C					
T＋S＋C					
A＋T＋S＋C					

註　Aは著者目録。Tは書名目録。Sは件名目録。Dは辞書体目録。Cは分類目録を表す。なお念のためにDはA＋T＋Sと全く合致するというようなものでないことに注意しなければならない。

目録の編成形式に続いて目録記入の問題を取りあげる。カード目録の記入は、本記入と副記入とに分たれる。本記入というのは主記入または基本記入とも云われ、図書の内容や形態などを出来るだけ完全且つ要領よく記載するものであり、目録の構成からは著者記入・書名記入・特殊記入の三つに大別出来る。今第三番目の特殊記入を一応考慮外におくと、著者名を標目とする本記入を採るか、書名を標目とする本記入を採るかによって、二つの系統が考えられる。従来我が国の図書は漢字仮名を使用するという特殊事情と、著者編者をあまり考えなかったという習慣上から、書名本記入の様式を採るものが多かったが、最近は、目録の一元化という理想から、また図書が存在するためには書名の前にまず著者その人が存在しなければならないとの先験的な考えから、著者主記入を採用する傾向が多くなった。それで本記入の種類別による全国的な統計は、我が国図書館界の目録学上の消長を物語るものとして有効である。

　分類作業をするには道具としての分類表が必要であったように、目録作業にも一定の規則が必要である。この規則を目録規則という。我が国の新しい図書館はその創設の最初から、青年図書館員連盟の手に成ったところの「日本目録規則」を採用している。学校図書館基準にもこれを使用することが便利であると奨めている。日本目録規則は略してＮＣＲという。しかし目録規則はＮＣＲだけではない。洋書には米国図書館協会の「著者および書名記入目録規則」と、米国議院図書館の「記述目録規定」もある。前者をＡＬＡの目録規則といい、後者をＬＣの記述目録規則という。日本でも東京帝国大学附属図書館用「洋書・著者・書名目録編纂略則《へんさんりやくそく》」があるし、各図書館はいずれも何かの規則に拠って目録を編纂しているわけである。また件名標目表についても前述の青年図書館員連盟の手に成る「日本件名標目表」略してＮＳＨや仙田《せんだ》

［正雄《まさお》］氏の「児童書件名標目表」がある。また外国のものとしてはシアーズ［Minnie Earl Sears］氏の件名標目表やＬＣの件名標目表がある。最近では各地の小学校、中学校、高等学校図書館協議会などで、それぞれ各教科に出て来る教材の内容を検討して、小学校向け、中学校向け、高等学校向けの件名標目表を編纂している。したがって目録規則の種類とその使用図書館の調査や件名標目表の種類と使用図書館数、あるいは件名標目表編纂状況の調査は図書館統計として是非とも取り上げなければならない問題である。

出来上がった目録用カードはむやみに順序もなく列《なら》べられるものではない。したがっていかなる順序に排列されているかの現状を知るためには、五十音順を採用しているか、それともアルファベット順を採用しているかを調査する。アルファベット順排列の場合は、ヘボン式を採用しているか訓令式を採用しているかを調べる。これは必ずしも多数決によってどちらか一方を適当であると決めるためのものではなく、ただどのような現状にあるかを興味の点から眺めるだけの問題である。強いて云えばヘボン式は米英人に都合よく、訓令式は西伊人に好都合だというに過ぎない。日本人は米英人でも西伊人でもないから、どちらか馴《な》れた方がよいわけであるが、文部省が訓令式採用を本体としている以上、訓令式がよいと思われる。しかしまた目録が和漢書洋書を一本建に編纂されることが望ましいとするならば、著者目録などカード排列に当たっては、ヘボン式が好都合である。全国的にどのような傾向にあるものか是非とも知ってみたい分野である。

目録の外的形式がカード形式でなくて、冊子形目録として、事務用閲覧用または交換用に印刷されている印刷目録については、基本目録と増加目録について、その名称や冊数などを調査する。

その他目録組織に関する統計としては、いわゆる中央館に、各分館または部局図書室などの総合目録を備えつけているかどうか、書架目録の有無、雑誌索引の有無、新聞記事索引の有無、特殊蒐書目録や貸出文庫用図書目録の有無、貴重書目録の有無、レコード、フィルムなど視聴覚資料目録の有無などを調べることによって、その図書館の目録組織が優れているかどうかを反省するとともに、また全国的に調査することによって、我が国の図書館界の目録組織に対する熱意のほどを知ることが出来る。

第4章　資料に関する統計

Ⅰ　図書館資料の種類

従来図書館資料は主として図書の形態をとったものばかりが考えられていた。それで図書館資料に関する統計も蔵書統計の名のもとに一括され、逐次刊行物や特殊資料、殊に視聴覚資料については案外おろそかにされていた。しかし図書館資料は紙に印刷された図書の形態を成したものばかりに限られるものではない。

このように図書館統計としては、図書館資料のあらゆる種類のものを対象とするものであるから、一応図書館資料全般を概観するために、次のようにまとめてみることにした。

図書館資料の体系

1．読むことが主となるもの

図書、逐次刊行物、パンフレット、クリッピング、マイクロ・フィルム、マイクロ・カードなど

2．視ることが主となるもの

A．静的なもの

a．平面的なもの

地図、海図、天気図、気候図、図表、写真、ポスターなど

b．立体的なもの

美術品、標本、模型、地球儀、彫刻、実物など

B．動的なもの（映写機などの設備を要するもの）

フィルム、スライド、繰り人形、紙芝居など

3．聴くことが主となるもの

A．時間的拘束性を受けるもの

ラジオ、テレビジョン

B．時間的拘束性を受けないもの

レコード、トーキー映画、トーキング・ブック（盲人用）テープ・レコーダー、ワイヤ・レコーダー、サウンド・スクライバーなど

もっともラジオやテレビジョンは、そのままでは図書館資料に入らないで、むしろ設備かまたは備品に入れるべきであろう。ただそれらが番組と組み合わされた時視聴覚資料として生きてくるのである。なお公共図書館や公民館では特に郷土資料に力点をおかなければならないし、

学校図書館では児童生徒の作品や教師・保護者の著作物をも附加すべきであろう。

Ⅱ　蔵書統計の意義

1. 蔵書統計の語義

蔵書統計とは、その図書館に所蔵している図書の形態を成したものの統計である。従来図書館統計と云えば、まず最初に頭に浮かんで来たものは蔵書統計であった。それほど蔵書統計というものは重大視された。それというのも図書館活動の根本は、蔵書の多い少ないにあると考えられたからである。そしてこの考え方は今もなお行われている。そしてまたこの考え方は決して間違っているとは云えない。図書の多い図書館は図書館活動も充分行われるし、図書の少ない図書館は充分図書館活動が行われ得ないからである。もっともいくら図書が多くても、それがその図書館を利用する対象を考えずに蒐集されたり、利用されるような状態にまで整理されて居らなければ、何にもならないし、また図書館サービスが充分に行われなければ、宝の持ち腐れとなることは云うまでもない。

蔵書統計はこのような意味から充分尊重されなければならない。図書が沢山あるということは何をおいても緊要なことである。しかし図書館資料は決して図書のみに限るものではない。

今後図書館活動が充分に行われるためには、特殊資料室やフィルム・ライブラリーやレコード・ライブラリーなどで備えつけなければならない資料も沢山あるから、図書館活動という立場から云えば、図書という言葉に拘泥《こうでい》した蔵書統計という言葉を廃して、所蔵統計という言葉を使用した方が適切であろう。それは図書以外の資料をも含めた意味で、正確な表現であると考えられるからである。しかしまた蔵書統計という慣習語はなかなか捨て難い味をもっている。そこで蔵書統計をも含めた上位概念として、所蔵統計という言葉を使用し、所蔵統計の内訳として、蔵書統計・逐次刊行物統計・特殊資料統計、あるいは視聴覚資料統計などという言葉を使用することが、最も妥当ではないかと思われる。しかし所蔵統計という言葉の語呂が悪ければ、資料統計という言葉を使用してもよい。本節ではこのような意味から、蔵書統計を考えることにした。

2. 蔵書統計をとる意義

図書館で蔵書統計をとる意義を分析してみると、次の五項目となる。

1. 蔵書統計本来の意義からは、その図書館が他の図書館と較べて大きいか小さいかを比較することが出来る。

2. その図書館が長い年月の間に、蔵書の面でどのように発展して来たか。今後はどのように発展して行くか、どのように発展させて行かなければならないか。蔵書の構成はどの方面に欠陥をもち、今後はどの部門に重点をおいて、図書の増加をはかって行かなければならないかなどの、反省資料に資することが出来る。この事柄は蔵書統計がいわゆる図書選択への反省資料となるわけで、図書選択は、積極的には良書を意識的に蒐集することであり、消極的には不適切な図書を廃棄する二方面を含み、両者とも蔵書構成の立場から現在「ある状態」から、将来「あるべき状態」への図書群の建設を目標とするものである。

3.

蔵書統計は、図書利用の状況との相関関係の発見に意義を有つ。従来の図書館経営は蔵書の増大ばかりに眼を奪われて、利用方面への反省は閑却《かんきやく》されていた嫌いがあった。そのため利用されようが利用されまいが、図書の冊数さえ沢山あればそれで能事足れりとした。しかし利用されない図書の収蔵は無意味であるばかりか、いたずらに場所をふさぎ、また整理するにも管理するにも手数がかかるばかりである。更に利用者の立場から云っても、自分の求める図書の検索に当たって、邪魔になるばかりである。それは閉架式であっても開架式であっても同じ難点を伴う。それで蔵書統計と利用統計とはいつも相関的に眺める必要がある。今後は現に利用しつつある現在の利用者の立場からと、将来利用するであろう未来の利用者の立場からとの両方面から、いつでも蔵書の構成を考えて行かなければならない。

4.

蔵書統計はその図書館の図書費と関連してみられる時、図書館の経費の面から重要な意義を発生する。この場合の蔵書統計は主に年間の増加統計を指す。図書の増加と図書費との関係は、説明するまでもなく密接な関係を持つもので、無計画な蒐書は図書費の早期枯渇を来たすか、あるいは年度末に予算の余剰《よじょう》を来たして、蒐書方針に大きな齟齬《そご》をもたらすものである。したがってあらかじめ計画された方針によって、順調に図書が入手出来るように、図書費の有効な使用方法が立案されなければならない。また毎年の予算編成に当たっては、整理に当たる図書館員の人数と図書費とを睨み合わして労働過重にならないよう、両者の増額を平行させなければならない。このことは蔵書構成と間接的に関連を持つものである。

5.

蔵書統計は全国的な一般図書館統計の一環として、重要な意義を持つ。従来の図書館統計は、第1章でも触れたように、その図書館のための一館図書館統計として意義を持たれ、たとい中央官庁などへ報告されても、報告する側としてはただ報告をすればよいという立場で、それが図書館現象の理解に役立つかどうかということについては、あまり考えられていなかった。そのために水増し統計やおざなり統計が行われた。しかし一館図書館統計は、全国的な図書館現象の基礎資料を提供するものである。それで各図書館がそれぞれ確かな統計資料を提供しなかったならば、全国的にまたは地方ブロック別ごとに集められた資料には、何らの意義が見出せないであろう。

Ⅲ　図書類の点計

既に前節に述べたように、図書館資料には、読むことが主となるもの、視ることが主となるもの、聴くことが主となるものなどの三種類があった。それらの中で紙に印刷されまたは書かれたもので、蔵書統計の対象となる資料を、更に（1）図書類、（2）逐次刊行物類、（3）特殊資料類の三種に要約することが出来る。

この中図書類というのは、普通の書物のように、一般に書籍・本・書物・図書などと呼ばれているもので、活版印刷されて製本されたものや、木版や筆で書かれた昔の本や、官庁会社などでペン書きされた記録などを含めて、蔵書統計の対象となるものを指す。

図書館統計では、これらの図書類を対象として統計調査を実施する時、すべて何冊という冊単位で点計する。点計というのは何点何点という風に点数を計算するという意味で、点計した結果を合計する場合には、集計という言葉を使用する。蔵書統計では一冊ずつ何冊何冊と数えあげることはほとんどないから、集計という言葉がいつも使われるのであるが、点計と集計とは区別して使った方がよい。

1．増加統計

蔵書冊数はその図書館に収蔵されている図書の総冊数のことである。図書の収蔵は図書の受入によって始まる。図書の受入とは図書台帳に図書を登録することである。したがって図書台帳（図書原簿ともいう）に登録するということは、その図書館の図書に関する財産目録を作るということに他ならない。図書台帳に記載の要領は、単行本でも継続本でも複本でも、必ず一行一冊主義を採るということである。したがって図書台帳の最終登録番号から、紛失廃棄などによる除籍（払い出しともいう）の図書冊数を差引けば、その図書館の蔵書現在数が、いつでも図書台帳の最終登録番号数から明らかとなる。

しかしながら蔵書統計では、単にその図書館で何冊の図書が収蔵されているかということだけがわかればよいというのではない。収蔵されている図書の中、何冊が和漢書で何冊が洋書であるのか、また何部門には何冊の図書があるのか。何の月には何冊図書が受入され、その中の何冊が購入で何冊が寄贈であったのか、またその支払金額や見積り金額はいくらであったのか、それらの購入先書店はどこであったかなどの、蔵書構成や会計事務なども同時に知る必要がある。そのためには、それらの事柄の充分明らかになるような色々の書式の書類を作製しなければならない。

注文・見積・納入・請求・支払などに関する購入図書に対する諸書類、寄贈依頼・寄贈礼状などの寄贈図書に対する諸書類、製本伝票・製本費の支払など、製本に対する諸書類などは、すべて図書台帳に登録する前に作製しなければならない。これらの書類の中で、特に蔵書統計に関係あるものとしては、上記いずれの場合を問わず冊数の明らかになる明細書である。例えば購入図書明細書（これは普通図書を納入する書籍店に記入させるから、書籍店の立場から云えば納入図書明細書と名づけられなければならない）、寄贈図書明細書、製本図書明細書などであって、冊数と金額が同時に明らかにされる点を利用して、蔵書統計（実は蔵書統計の基礎になる収書統計）に使用するわけである。

以上のようにして月々増加する図書冊数のことを増加冊数という。月々の増加冊数を一箇年間集計すると、一箇年間の増加冊数が算出される。これを創設当初から累計すると、その図書館の受入総冊数が算出される。この受入総冊数から除籍冊数を差引けば、その図書館の蔵書現在冊数が明らかとなる。もし途中何らかの理由で誤算が生じた場合は、その誤算の生じた月の分だけの明細書と図書台帳を照合すればよい。

2. 和装本の点計

図書類の受入と増加冊数および蔵書冊数との関係は、以上によって大体明らかとなった。そして図書類の点計は、いつ誰が計算しても冊数単位で計算出来るから問題の起こりようはない。ある人が一冊と計算したものは、他の人が計算してもやはり一冊である。パンフレットや逐次刊行物の場合のように、色々と計算上の問題が起こるということはない。しかしここで考えてみなければならないことは、和漢書の問題である。和漢書の中には特殊な形態をしたいわゆる「何部何冊」と云われるものがある。例えば和漢書の図書で帙入《ちついり》和装本のような場合である。今後新しく刊行される図書には、恐らくこのような場合は少なかろうと思われるが、受入冊数を増加冊数として計算する上記の蔵書統計の方法においては、蔵書内容の質は同じであっても、和装本による受入の多い図書館と、洋装本による受入冊数の少ない図書館とでは、数字の上からは前の図書館が有利に解釈される。したがって強いて両図書館を冊数の上から比較することは、不公平だと解釈される。何故かと云えば、五万冊の帙入和装本を主要蔵書とする甲図書館と、同じ内容の洋装活字本一万冊を有する乙図書館とでは、蔵書冊数の数字面から受ける感覚的相違が、甲図書館を乙図書館よりも大なりと感じさせるからである。この事実は同一図書館内の分類別蔵書冊数の比較においても同様である。（この事柄に関しては、日本図書館研究会機関誌『図書館界』第2巻第2号所載の、拙稿「蔵書統計への一考察」を参照されたい。）

しかし我が国の図書館界では、たとい以上のような不都合があろうとも、図書台帳に一冊一行主義を採用する限り、世界に類のない何部何冊というような図書形態をもった和漢書が、時たま受け入れられることがあっても、上記の蔵書統計のとり方を変更することは出来ない。

Ⅳ　逐次刊行物の点計

1．逐次刊行物の種類

逐次刊行物には色々の種類のものが考えられる。これを内容によって分けてみると、次のようになる。

1. 年鑑類　　　　　　　　　　　　2. 雑誌・紀要類
3. 官・公・私の報告類　　　　　　4. 新聞・官報・公報類
5. その他

逐次刊行物は販売が目的の刊行物であったり、非営利的非売品的刊行物であったり、宣伝的刊行物であったりして、その刊行目的には色々の種類があろうが、図書館統計としては直接関係がないからしばらく措くとして、これらを刊行の形式によって分類してみると、次のように分けることが出来る。

A. 定期刊行物
1. 日　刊　　　　2. 週　刊
3. 週二回刊　　　4. 旬《じゅん》刊《かん》
5. 月　刊　　　　6. 月二回刊
7. 隔月刊　　　　8. 季　刊
9. 四季二回刊　　10. 年　刊
11. 隔年一回刊　　12. その他

B. 不定期刊行物

以上のうち年刊類、例えば年鑑や年報類はそのまま単行本並に受入するから、蔵書統計としては一冊として計上し、そこには何ら問題となるものがない。その他のものは各冊ごとに受入登録をすると天文学的数字となって、一館図書館統計でも全国的な一般図書館統計でも、色々の困った問題や滑稽《こっけい》な問題が生じて来るから、逐次刊行物の点計には注意をしなければならない。

2. 逐次刊行物の計算法

普通これらの逐次刊行物は製本して受入し、始めて蔵書統計の中に入れることになっている。したがって製本するまでは逐次刊行物受入カードに受入する。これを仮受入と呼ぶ。なお新聞・官報のような日刊逐次刊行物の受入については、補助カードとしてチェック・カードを使用する。製本してから図書台帳に本受入するような受入の方法を購入図書や寄贈図書の受入の方法と区別するために、「編入図書受入」という。編入図書受入とは繰り返して説明すると新聞や雑誌のように一般図書と違って消耗品扱いにされがちのものを、後日号数が完結した時に合冊製本して一般図書並に受入する場合をいう。

例えば学術雑誌などでは、大抵の場合、巻号数の他に索引や総目次が挿入されている。その索引や総目次は一箇年ごとに挿入される場合もあれば、半年ごとに挿入される場合もある。そこでいつもその巻数によって合冊製本する。合冊製本に際しては、総目次や索引は本文から切り離し、総目次は合冊する最初の号の上に、索引は合冊する最後の号の下に挿入し、また各号の表紙は切り離さずにそのまま製本することが大切である。このようにして合冊製本されたものが、初めて普通の図書並として受入れられ、その月の増加冊数に算入され、延いてはその図書館の蔵書冊数の中に加算される。それまでは決して増加冊数や蔵書冊数の中に算入されてはならない。そのためには雑誌の受入は、直接図書台帳を使用することなく、必ず逐次刊行物受入カード（雑誌受入カード）を使用する。以上は学術雑誌の場合のように、一年または半年ごとに巻数が替わり、且つ総目次または索引などの挿入される場合の冊数計算の例であった。

それでは総合雑誌や文学雑誌のように、総目次や索引のない雑誌はどうすればよいか。この場合総合雑誌や文学雑誌などでも、大抵の場合は巻数がついている。そしてその巻数は、通常一箇年一巻数が普通となっている。それで一箇年十二箇月分の雑誌を、一括合冊製本して受入することが原則であるが、しかし一箇年分十二冊を合冊すると分量があまりに嵩ばんで、一冊として製本することが困難となり、またたとい合冊製本出来たとしても、綴《と》じに近いところは読み難いし、すぐ破損して再度製本し直さなければならないことにもなる。そこで製本技術の上からと、また取扱いの便宜の上からと、更に利用者の便利の上から、一箇年分を一括製本することをやめて分割製本する。

３．製本師的単位の矛盾

それでは、分割製本の標準は、何によって決めればよいか。その標準については何らの規定もない。ただ厚さの度合が上記のいずれにも便利であればよい。したがって一箇年分を二冊に分割製本することもあれば、三冊に分割製本することもある。また四冊に分割製本することもあれば、逆に二箇年分とか三箇年分を合冊製本することもあり得る。要は手頃の厚さという便宜主義から出発するのであって、一箇年分を四冊にでも分割すれば、どんな部厚い総合雑誌でも、大抵の場合手頃の厚さとなる。四冊に分冊するということは、三箇月分ごとに一括製本するという意味である。このように総合雑誌や文学雑誌では、取扱いの便宜上から、一箇年分を適当の厚さに分割製本するのである。そして増加統計または蔵書統計では、それらの各々がそれぞれ一冊として算入される。

ある雑誌では一箇年分十二冊を合冊製本して増加統計または蔵書統計に算入し、他の雑誌では一箇年分を二分割または三分割して合冊製本し、増加統計または蔵書統計に二冊または三冊として算入する。このような取扱い方の相違は、図書館統計としては随分矛盾した事柄ではないかとの疑問が生じる。事実これは大変な矛盾である。まして甲の図書館と乙の図書館と比較する時、製本基準の違いから来る数字面の相違を思うと、尚更《なおさら》この感を深くする。しかしこの矛盾は如何ともし難い事柄である。このような矛盾は利用統計においてもしばしば見受けられる事柄で、僅か一字の漢字を調べるために漢和字典を利用しても一冊の利用であれば、ある哲学書を始めから終わりまで読み通しても矢張り一冊の利用である。本章第3節の図書類の点計でも触れたように、何部何冊というような形態をとる和漢書と、同じ内容をもつ活字本一冊との比較の場合と同様に、図書館統計の上ではどうにも仕方がない。だからといって蔵書量を長さに換算する延長測定法もまた、幾多の矛盾を孕《はら》んでいる。延長測定法というのは、蔵書の多寡を巻数または冊数単位にすることを避けて、書架上に排列した書物の背の延長をメートル単位で測定し、書冊三十三冊を以て一メートルに換算する方法である。この方法の得失については、日本図書館研究会編、『図書館界』第2巻第2号の拙稿「蔵書統計への一考察」において、詳細論究しておいたから参照されたい。

以上の矛盾は次のような場合にも同様に起こる。すなわち一箇年分を二分割または三分割して分割製本する場合に対して、二年分または三年分を合冊製本する場合である。一箇年分だけではあまりに薄っぺら過ぎるために、それでは背文字なども到底押捺《おうなつ》出来ないし、またそのように薄っぺらなものばかりを幾冊も幾冊も製本することは、第一に製本費ばかり嵩ばって、それでなくても潤沢でない図書館の経費を、製本代に沢山喰われてしまう結果となる。そこでまたと得難い稀覯《きこう》雑誌であるならばいざ知らず、それほどにしなくともよいと思われる雑誌は、二年ないし数箇年分を一括して合冊製本すれば、製本代も製本前後の手数も省けて、延いては、受入事務を初め分類目録作業の手数も随分と省かれる。ここに便宜主義から数箇年分を合冊製本の上受入れし、明細書を作製して一冊に算定するという方法が採られる。この場合もまた前述の場合同様の統計的矛盾が生じてくるが、現下の図書館統計から云えば、これまた止むを得ない。このように、製本された外形の上から計算される増加統計、または蔵書統計の統計単位を製本師的単位という。

以上は大体学術雑誌や総合雑誌などの統計方法を、製本法とともに述べたのであるが、逐次刊行物には新聞・官報・報告類などの定期刊行物や不定期刊行物があった。これらのものも、学術雑誌や総合雑誌などの製本の原則にしたがって合冊製本し、明細書を作製して受入し、増加冊数または蔵書冊数の中へ算入する。

4. 附録と臨時号

もし逐次刊行物の中に、附録や臨時増刊号などが刊行された場合は、それらを普通号とともに製本するか、それとも別扱いをするかの問題が生じてくる。この場合いずれの方法を採るかについては、主にそのタイトルと内容によって決定する。すなわちその附録なり特集号なり臨時増刊号が、単に連続的に何かの都合で発行されたに過ぎず他の号と形式内容とも同じものであれば、合併号と逆の意味をもっているに過ぎないものであるから、当然普通号の中に混入して製本する。この場合は臨時号のために特に冊数が増えるということはない。しかし臨時号は、特別のタイトルの下に、特殊の記事ばかりを記載している場合が多いのであって、このような場合は普通号に混入製本しないで、特別に切り離して単行本として受入し、目録の上では何雑誌の附録または臨時増刊号であることを註記し、したがって増加冊数または蔵書冊数では、当然そのために一冊分だけ冊数が多くなる。なお云うまでもなくこのような処置のなされた附録または臨時増刊号は、合冊製本された親雑誌の分類の位置を離れて、その附録または臨時増刊号の主題の場所に分類され、且つその分類位置の書架上に排列される。そして書名目録も件名目録もまた、単行本並みの扱いを受ける。

５．雑誌の種類数

最後に雑誌に対する基準を拾いあげてみると、大学図書館基準関東案では、第４蔵書の（５）に次のように示されている。

継続入手される雑誌の数は、学生数が数百人しかない小さいカレヂでは三～四百種ないし六～七百種を基準とし得るが、大学としては少なくとも千種を目標とすべきである。アメリカの大きな大学は二～三千種ないし一万二～三千種を受入れつつある。

また学校図書館基準改正案では次のようになっている。

雑誌は児童生徒九〇一人以上の学校は小学校十五種くらい、中学校二十種くらい、高等学校三十種くらい、九〇〇人以下の学校では小学校十種くらい、中学校十五種、高等学校二十種位、

以上の基準は、図書館統計の中の増加統計または蔵書統計には何らの関係もないことに注意すべきである。それはあくまでも製本前の基準であるが、しかし増加統計または蔵書統計に関係がないということは、図書館統計にも関係がないということではない。図書館現象の実情がいかにあるかを知ることが図書館統計の任務である以上、幾種類の逐次刊行物が受入れられているかについて調査することは是非とも必要である。

Ⅴ　特殊資料の点計

1．特殊資料の範囲

本章第3節では紙に書かれた資料の中、蔵書統計の対象となるものを、説明の便宜上図書・逐次刊行物・特殊資料の三種類に分けてみた。しかし普通に特殊資料という場合には、必ずしも紙に書かれた印刷資料ばかりを指すのではなくて、絵画・絵葉書類のような平面的な視覚資料や、標本・模型類のような立体的な視覚資料や、フィルムのような動的な視覚資料とレコードのような聴覚資料、更にマイクロ・カード、マイクロ・フィルムのようなマイクロ資料などのあらゆる資料を含むことになっている。

ところが昭和二十五年九月六日の文部省令第二十七号図書館法施行規則の第四条第五条をみると、図書館専門職員講習としての司書および司書補の講習には、明らかに特殊資料と視聴覚資料とを区別して使用してある［註・当時はこの科目名で開講されていたが、現在は異なる］ので、特殊資料の中から視聴覚資料とマイクロ資料とを抽出して独立させることが必要となった。ここにマイクロ資料という言葉は、マイクロ・カード、マイクロ・フィルムを指し、これらを短縮して表現してみたもので、未だ公認のものではない。このように特殊資料の中から視聴覚資料とマイクロ資料とを独立抽出すると、残ったものは印刷されたものを主体とする小冊子などの資料と、手書きされた記録の内、図書の形を成さない一枚物とか楽譜などのようなものである。それに点字書を附け加えると、本節に述べる特殊資料の対象は次のようになる。

1. パンフレット　2. リーフレット　3. 楽　譜
4. クリッピング　5. 一枚物　6. 地図、海図、
7. 古記録、古文書　8. 点字書　9. 暦（カレンダーを含む）
10. 招待券　11. 拓　本　12. 謄写刷

これらの中、点字書は印刷されたものということは出来ないが、従来から特殊資料に入れられているのでこの中に包含させた。点字書の点計については、普遍の単行本の統計方法と何ら異ならない。また古記録古文書の部厚いものもまた、普通の単行本の場合と同じ方法を採ればよい。ただしページ数の少ないものはそのようなわけに行かないから、パンフレットと同じ方法を採る。

2. パンフレット類の計算法の困難

そこでまずパンフレットの統計方法から説明して行きたい。前述のように、図書類は一点一冊で計上し、雑誌類は半年または一箇年分を合冊製本して受入し一冊に計上した。しかし図書雑誌類以外の零細なパンフレット類は、果たして一点一冊に計上することが出来るかどうか。このパンフレット類の計算方法については、現在のところ未だ何ら決定的な標準がない。この事柄は独り我が国において問題となるばかりでなく、欧米諸国においても同様の実情にある。

したがってある図書館では一冊のパンフレットを文字通り一冊に計上していても、他の図書館では必ずしも増加統計や蔵書統計には算入していない。このように各館それぞれ取扱い方に違いがあるということは、パンフレットの算定方法に何ら客観的な決定的標準が存しないという証拠である。

何故パンフレット類がこのように増加統計や蔵書統計の上で取扱い方がまちまちであるかというと、パンフレット類が官公庁出版物であったり団体の刊行物であったり、小論文、会報、報告、通知書などであるために、ページ数が至って少ない場合が多いからである。ページ数が二百頁も三百頁もある大部のものであれば、当然統計上一冊として算定されるわけであるが、普通のパンフレット類は五十頁からせいぜい百頁までの仮綴《かりとじ》のもので、図書のように立派な装幀が施されていないためにその取扱いには困難を来たすのである。

ところがこれらのパンフレット類の中には、実に貴重な学術的資料や歴史的資料が盛られている場合がある。地方議会図書館設置要領（案）では特にこの点に注意して、蔵書構成も次のような比率に決めている。

1. 地方議会の会議録　20％
2. 官庁資料　50％
3. 一般行政立法参考図書　30％

これでみると実に70％までの資料が、図書以外のもので充たされなければならないとしている。このような図書以外の資料の中には、パンフレット類が沢山含まれる。一般公共図書館と違って、専門図書館や特殊図書館などでは、いずれもこれに類似した収書方針を採るべきであろう。かくてパンフレット類の統計上の取扱い方はもちろん、その整理方法も特に慎重を期さねばならないわけである。

しかもパンフレット類の点計については、未だに確固たる解決方法が得られていない。逐次刊行物の点計については、色々の困難を伴いながらも一応製本師的単位で解決が得られた。しかしパンフレット類については、このような製本師的単位が可能であろうか。なるほどパンフレット類の中には、何々資料第何集などと銘を打って連続刊行されるものもあるが、しかしそのような場合でも大概はその連続号数に何らの意味も含まれていないのが普通である。いわんや大部分のパンフレット類は特殊標題を附した単独出版物が多い。しかも前述のように部厚くても百頁、薄いものでは二十～三十頁というようなものも沢山ある。そこでパンフレット類の点計については、逐次刊行物の場合のような製本師的単位の他に、書誌学的単位というものを考えてみなければならないのである。

３．書誌学的単位

書誌学的単位というのは、独立した標題をもつ単独の書物または書冊の単位である。したがってすべての単行本は書誌学的単位によって算定される。パンフレット類もまたこのような意味からすれば、書誌学的単位によって算定されなければならない。何故かというと、パンフレット類といえども、単行本と同じように、特定の著者または編者があってそのパンフレットを著編し、必ず特定のタイトルの入った標題紙を持っているからである。このような意味ではパンフレット類も、普通の単行本と何ら変わるところはない。

ただ何と云っても、パンフレット類は頁数が僅少である。この点単行本と異なっている。また装幀が洋綴でなく仮綴である場合が多いため、保管するにもまた利用するにも、単行本と異なった性格をもってくる。そこで保管と利用の立場から、同種または同種類のパンフレット類を合冊製本して保管し、目録の上から内容がわかるように区別しようとする方法が考えられる。この場合は雑誌類などの受入方法と同じであるから、図書館統計としては製本師的単位を採用するわけである。

しかしもし合冊製本しても製本師的単位を採らないで、書誌学的単位と採らなければならないとすればどうなるか。たとい合冊製本されたものが形態上一冊の図書の形を成していても、別個の標題紙を持ち別個の著編者を有する著編物である限り、当然合冊されただけの図書冊数として計算されなければならないであろう。もし製本師的単位を採るならば冊数は少なくなり、書誌学的単位を採るならば冊数は多くなる。したがって書誌学的単位を採用する時は、零細なパンフレット類を沢山収蔵する図書館ほど、蔵書統計においては有利となる。だからといって無闇やたらに、無系統無体系な合冊合本をすることは、分類の上からも目録の上からも、また利用者の立場からも不都合を生じ、いたずらに困乱《こんらん》と不便とを増すばかりである。丁度パンフレット類に関しては、いずれの立場からも利害が相反するものである。ここに両者の立場のいずれを採用するかについて、その去就《きよしゅう》に迷わざるを得ない所以である。これの最後的決定の標準となるものは、結局利用の立場である。

４．パンフレットの処理法

従来我が国では受入冊数をただ一の蔵書統計の基準として来た。したがってドイツにおけるように書誌学的単位を採用することは不可能な現状にある。このような事情はアメリカやイギリスでも同じである。そこで製本師的単位と書誌学的単位の両者の折衷として、利用の立場から解決する以外に他に方法はない。すなわち書誌学的単位の採用出来るような整理方法を原則とし、このような必要がないと判断されるものは製本師的単位を採用する。そして後者の場合の整理方法は、合綴書《がってつしょ》の整理方法に準ずるわけである。

パンフレット類が図書館で入手された場合には、まず図書館資料としての軽重について判断する。もともとパンフレット類は、一部の貴重文献を除いては永久的に価値があるものとは限らない。活きている値打のあるものは、最も新しい材料としての数箇月ないし数年間である場合が多い。したがってパンフレット類の保存は、次のような条件に当てはまる期間だけに過ぎない場合が多い。

1．そのパンフレット類が、永久的に保存される価値が無く、せいぜい汚損され廃棄されるまで役立てばよいといった程度のもの。

2. より新しいもの、またはより良い資料が現われるまでの間か。

3. 一時的に必要とされる間か。

したがってこれらのように、一時的に利用期間があればよいといったものは、標題または副標題などによって、または件名によって、バーティカル・ファイルに整理保管し、あるいは一定の袋やパンフレット・ボックスに入れ込んで、表に件名をつけ、ある期間保存し、閲覧に供した上将来適当な時期に処分する。この場合は正式の登録、分類、目録などの整理は施さないから、全くの消耗品扱いとして増加統計や蔵書統計の中には算入しない。

しかしパンフレット類には、いつもこのように処置することの出来ない貴重な文献があったり、またと得がたい歴史的資料があることは、既に述べた通りである。したがってそのような場合には、たとい十頁や二十頁の薄っぺらな印刷物であっても、製本するかパンフレット・カバーを附して、普通の図書並に取扱い、登録の上整理しなければならない。現にアメリカでは過去に合冊製本した稀覯書などを解体して、数量更生図書として取扱い、別個の装幀を施して書誌学的単位で算定の上、整理保管しているということである。この事実は云うまでもなく、直接には蔵書統計の必要上から採った手段ではなくて、保管や利用の面からの問題として実行されているわけであるが、蔵書統計の問題としてもまた、多くの示唆《しさ》に富むものである。

5. 処理判定の基準

それではそれらのパンフレット類が、果たして学術的な貴重資料であるかまたは歴史的な重要文献であるかの価値判断は、何を以て標準とするのであるか。この価値判断の標準については、今のところ何ら客観的な基準はない。それというのも、どの図書館にも、それぞれ設立目的を異にした特殊性があるからで、したがってある図書館で貴重資料だと考えたパンフレットが、他の図書館でも必ず貴重だとは考えられないであろう。例えば児童の優秀な綴方《つづりかた》文集は、医科大学図書館では不必要であろうし、パラチフスの臨床実験論文は、小学校図書館には無関係であろう。このような例はいずれの図書館でも起こり得る問題である。

要はその図書館の特殊性によって価値判断を下すべきである。だからと云って、いつも必ず価値判断が異なるというわけのものでもない。歴史的貴重文献として年代の古いものは、どの図書館にも尊重される可能性を持つものである。それで最後には価値判断を下す当事者その人が問題となる。そこでその図書館の当事者が永久保存の価値ありと判断したものは、そのまま頁数のいかんに拘らず正式の登録をなし、整理保管する。この場合は云うまでもなく増加統計または蔵書統計の中へ算入される。

それでは上のような手続を経ないで、残ったパンフレット類はどうするか。この場合は前述のように、一時的にバーティカル・ファイルに件名を附して排列して、随時閲覧に供し、ある期間以後利用度がなくなれば逐次廃棄し、保存の価値あるものでシリーズとして刊行されたものは、逐次刊行物として合冊製本の上統計の中へ算入し、異なった出版社から出されている類似内容と思われるパンフレット類は、類似標題または統一出来る標題を附して合冊製本して、合綴書並の取扱いをする。そしてそれぞれ増加統計または蔵書統計中に算入する。

6．パンフレット以外の特殊資料

以上は大体パンフレット類の増加統計または蔵書統計への算入の仕方を述べたのであるが、その他にリーフレット、一枚物、楽譜、クリッピング、プログラム、手紙、広告、地図、証文などの特殊資料の問題が残っている。それらの内、書冊の形態をした楽譜と、スクラップ・ブックに貼り込まれたクリッピングは、ともに単行本扱いとして増加統計または蔵書統計の中に算入する。その他の一枚物は分類して書架に排列することが困難であるから、レコードのキャビネット式の平面的な特殊資料保管函を作製して保管し、いずれも増加統計や蔵書統計には算入しない。これらの資料の特に多い図書館では、図書台帳の他に特殊資料台帳を準備して、特殊資料の登録をし、それによって点数を計算する。したがってこの場合は統計単位は冊数ではなく、枚数とか点数になるわけである。この問題は次節でもう一度触れることにする。

Ⅵ　視聴覚資料とマイクロ資料の点計

1．視聴覚資料の重視

視覚および聴覚を通じて、直接感性を磨くところの視聴覚教育は、終戦後著しく発達して来た教育の新しい分野である。文字または言語による教育が、書く者または語る者の主観性に甚しく影響されるのに対して、直接有りのままを眼または耳によって受け取る方法は、最も直接的である。教育の重点が視聴覚教育に移ったかの感じがするのも、このような色彩、象型、音響、動作などによる客観的具象的な実物教育実際教育を尊重する所以からである。

絵画、彫刻、音楽、演劇などを鑑賞して高尚な教養を修得させ、映画、幻灯、紙芝居などの影響を利用して知情意の総合的な啓蒙を行う活動は、主に博物館や美術館、音楽館や映画館などの受けもつべき分野ではあるが、今後の図書館としても考慮すべき新しい分野である。特殊資料室、レコード・ライブラリー、フィルム・ライブラリーなどの施設が着々進められているのも、このような考えに基づく。これらは図書館の副業的分野とも考えられていたが、今後は決して副業的分野と考えられてはならない。

さて視聴覚資料は当然特殊資料として取扱わなければならないものであるが、前節にも記述したように昭和二十五年九月の図書館法施行規則によると、その第四条の司書の講習科目には、必修科目の視聴覚資料と選択科目甲群の特殊資料とは分割されて居り、また司書補の必修科目の聴視覚資料も独立している。しかも司書講習も司書補講習もともに視聴覚資料は必修科目とされて居るところをみると、今後の図書館活動では視聴覚資料が非常に重要視されなければならないことになる。したがって図書館統計としてもまた、当然視聴覚資料とその他の特殊資料とは、区別して取扱わなければならないものと思う。視聴覚資料は視覚資料と聴覚資料とに分けることが出来る。その内容については本書第1節を、再度参照されたい。

2. マイクロ資料の所属問題

それではマイクロ・フィルムやマイクロ・カードは、図書館資料としてどこに入れたらよいであろうか。マイクロ・フィルムやマイクロ・カードは戦前または戦中には一般の図書館には関係の無かったもので、今までは何ら問題にされなかった。しかし戦後はこれらの統計については充分検討しておかなければならない。今図書館資料をその形態から分類すると、図書・準図書・非図書の三つに分けることが出来る。第一の図書は一般図書を指し、第二の準図書は逐次刊行物や紙に印刷されたりした特殊資料を指し、第三の非図書はいわゆる視聴覚資料を指す。このように図書館資料を三大別してみると、マイクロ・フィルムやマイクロ・カードは、それらの中のどれに属するかということが問題となる。

マイクロ・フィルムやマイクロ・カードは、その形態が普通一般図書や印刷物または書かれた特殊資料とは、ややその趣きを異にするので、図書館統計としては、集計の都合上当然視聴覚資料を主とする非図書に分類すべきもののように考えられる。しかしまた普通の視聴覚資料を主とした非図書とは異なって、読むことを主とする資料としてマイクロ・フィルムやマイクロ・カードを眺めてみると、図書かあるいは準図書に入れなければならない。何故かというと、それらは映画フィルムのようにただ観るだけではなく、リーダーによって文章や文字を読みとることが主となり、図書や準図書と同じ機能を持っているからである。

そこでマイクロ・フィルムやマイクロ・カードを、図書や準図書とも区別し、また視聴覚資料とも区別するために、一応マイクロ資料と名づけて特別扱いにすることにしてみた。これは未だ公認のものでないが、このような試案でも作らなければ、これらの資料の入れる場所が見当らなかったからである。つまり準図書扱いとして逐次刊行物などと同列にすることも出来ず、また非図書扱いとして視聴覚資料と同列にすることも出来ないからである。

3．視聴覚資料とマイクロ資料の計算法

かくて本節の中心課題である視聴覚資料とマイクロ資料は、ともに蔵書統計に算入することは出来ないから、蔵書統計とは別個の特殊資料統計としなければならないこととなった。したがってこれらの資料の登録に当たっては、当然図書台帳に記入されてはならない。少なくとも資料ごとに下記のような形式の資料台帳または資料原簿を準備して、登録される必要がある。

第3図　資料原簿（模型・標本・地球儀など立体的視覚資料の例）

登録番号	購入・寄贈年月日	種別	品名	発行製作採集年月日	発行製作採集場所	価格	請求記号 分類記号	請求記号 品目記号	備考
1									
2									

第3図の資料原簿の様式は云うまでもなく公認のものではない。この原簿はあたかも図書の受入に際して使用する図書台帳に当たり、また備品台帳にも当たるもので、図書や逐次刊行物とは別に使用するものである。そしてこの資料原簿に登録されたものは、当然普通書架に排列されないで、特別資料室などに別置されなければならない。その際の統計単位は図書類と異なるから、図表やポスター類は何枚を以て点計し、標本や模型などは何点を以て点計し、レコードやスライドなどは何組何枚、フィルムは何本何巻、紙芝居は何組で点計する。

なおレコード原簿は第3図に準じて、登録番号の他に（1）吹き込み者（2）標題（3）作曲者（4）作詞者（5）楽章名（6）演奏者名（7）製作会社名（8）レコード番号（9）裏面（10）購入または寄贈年月日（11）購入店または寄贈者名（12）価格または推定価格欄などを設けるとよい。またフィルム原簿とスライド原簿と紙芝居原簿なども、上記諸原簿に準じて、（1）製作者（2）標題（3）製作所（4）製作年度（5）巻数（6）映写所要時間（7）サイレント、サウンド、トーキーの別（8）着色、無着色の別（9）購入または寄贈年月日（10）購入店または寄贈者名（11）価格または推定価格などを記入する欄を設ける。テープ・レコーダー、ワイヤ・レコーダー、トーキング・ブック、サウンド・スタライバーなどの原簿についても、レコード原簿に準ずるか、あるいはレコード原簿そのものに記入することにすればよい。

Ⅶ　図書館資料統計表の種類

１．除籍数の問題

本章第１節から第６節までで図書館資料の種類、資料統計の意義、資料統計のそれぞれの単位、計算方法などの説明を一応終わった。そして資料統計においては受入統計がその基礎をなしていることも、ほぼ了解されたことと思う。すなわち図書館統計では蔵書統計にしても特殊資料統計にしても、図書台帳または特殊資料原簿の最終登録番号が、その図書館での蔵書の総冊数または総実数の基礎ということになる。

しかし図書にしても特殊資料にしても、長い年月の間には、紛失したり破損したり盗難に遭ったりして、受入したままの冊数や点数がそのまま現存しているとは限らない。それでこれらの不可抗力による冊数の減少または点数の減少を考慮に入れるとともに、意識的にも廃棄処分に附さねばならない場合も出て来るので、勢い蔵書統計や特殊資料統計では、これらの除籍数を控除《こうじょ》しないと、現在の収蔵数であるということは出来ないこととなる。今図書の場合を例に採って除籍しなければならない場合を考えてみると、次の二つの場合となる。

（1）積極的には意識的に廃棄処分に附される場合で、例えば内容不良のもの、時代遅れとなって役立たないもの、汚損落丁などによって使用に堪えないものなどである。

これらの場合は正式に最終登録番号数から控除する。

（2）消極的には不可抗力として除籍処分に附される場合で、例えば紛失したものや盗難に遭ったもの、天災地変によって消失したものなどがある。このような場合も正式に最終登録番号数から控除する。

以上いずれの場合も現在数を明確にするために、控除しなければならない数量の集計をとる必要がある。それで受入の場合のように除籍の明細書を作製するとともに、図書台帳の備考欄にその事由を註記し、出来れば別に除籍簿（払出簿ともいう）を準備して、除籍の歴史的記録とする。このようにして図書にしても特殊資料にしても、図書台帳または特殊資料原簿の最終登録番号から、廃棄または除籍数を控除して、その図書館の蔵書または特殊資料の現在数とする。

2. 対比の問題

これで一応図書館資料全般の現在数の求め方については、解決したと云えるが、しかし蔵書統計については、現存の蔵書総冊数を出しただけでは不充分である。それは蔵書総冊数だけの一数が、ただそれだけの蔵書を有しているという一片の報告事項だけになって、統計としての意義が稀薄だからである。統計数はただ一数だけでは何らの意義をも有しない。必ず他の数と比較して初めて意義をもつに至る。例えばその図書館の蔵書冊数は他の図書館の蔵書冊数と較べて多いか少ないか。いくらほど多いか少ないか。その割合はどれくらいか。またその年度の増加冊数は昨年と較べてどうであるか。収書冊数と除籍冊数の割合はどうなっているか。収書冊数の内訳として洋書と和漢書との割合はどうなっているか。収書の内容は部門別にしてどんな傾向をたどっているか。また購入と寄贈との数的比率はどうなっているか。このような関係において収書冊数とか増加冊数とか蔵書冊数を眺める時、初めて統計としての意義が発生する。したがってそこに作製される統計表もまた、それぞれの種類に応じたものが逐次作製され、それぞれの統計種類に応じて集計される必要がある。

それでは蔵書統計では以上に述べたような関係が、実際の取扱いに当たってどのような形で現われて来るか。蔵書統計では蔵書冊数ただ一数だけではその内容が把握されないから、あらかじめ時間により、場所により、性質により、あるいは大きさによって分類する。この分類に当たっては第1節に述べておいたような、標識というようなものを持って来て考えることが好都合である。標識というのは統計観察の際に単位の性質を判断するめじるしとなるもので、観察の終わった後では、集計の際の分類標準となるものであった。蔵書統計では統計観察の対象は図書であるか、あるいは逐次刊行物などの製本された資料であり、単位の名称は冊を以って点計される。それらはある場合には月ごとにまたは年ごとに何冊登録されたかというような時間的標識によって計算され、ある場合にはそれらの図書資料が本館に何冊分館に何冊入ったかというような場所的標識によって計算され、ある時はそれらの収書冊数の中、和漢書は何冊で洋書は何冊であったとか、購入されたものは何冊で寄贈されたものは何冊であったかというような実際的標語によって計算される。

以上は一つの図書館だけの統計としての一館図書館統計の立場から考えてみたものであるが、府県単位である府県内の全図書館について調査するとか、全国的に調査するとか云うような一般図書館統計においては、以上三種の標識の他に量的な分類として、一万冊から二万冊までの蔵書数を有する図書館数は何館で、二万冊から三万冊までの蔵書数を有する図書館は何館あるかといったような、量的標識による分類が考えられる。したがってこれらの四種の標識に基づいて収書統計には実際どのような種類の統計が出来るべきであろうかについて、詳細に考えてみる必要がある。

3．資料統計表の種類

下記は図書館資料統計の種類を時間的標識・場所的標識・実際的標識・量的標識によって、体系づけてみたものである。

（1）単位の時間的標識による分類

A．月別受入図書または受入特殊資料

B．年別受入図書または受入特殊資料

C．月別除籍図書または除籍特殊資料

D．年別除籍図書または除籍特殊資料

（2）単位の場所的標識による分類

A. 中央館での受入図書または受入特殊資料
B. 分館、部局図書室、児童室、婦人室、学級図書室などでの受入図書または受入特殊資料
C. 巡回文庫、貸出文庫、自動文庫などでの受入図書または受入特殊資料
D. 中央館での除籍図書または除籍特殊資料
E. 分館、部局図書室、児童室、婦人室、学級図書室などでの除籍図書または除籍特殊資料
F. 巡回文庫、貸出文庫、自動車文庫などでの除籍図書または除籍特殊資料

（3）単位の実際的標識による分類

A. 受入種別
　a. 購入図書　　b. 寄贈図書
　c. 編入図書　　d. その他
B. 除籍種別
　a. 紛　失　　b. 廃　棄
C. 文字の形式
　a. 和漢書　　b. 洋　書
D. 図書の内容（分類別）

000　総記に受入れた図書
100　哲学・宗教に受入れた図書
…
900　文学に受入れた図書

E．特殊資料
a．印刷資料（リーフレット、古文書など）
b．視覚資料
c．聴覚資料
d．マイクロ資料
e．逐次刊行物

（4）単位の量的標識による分類

A．算術式等級　　　B．自然的等級
C．累積分量等級

以上（1）から（4）まで図書館資料の統計表の種類を観念的に列挙してみたが、実際の統計表を作製する時には、時間的標識と場所的標識と実際的標識と量的標識とは、相互に複合して使用される。例えば時間的標識の月別と場所的標識の中央図書館と実際的標識の購入図書とが複合されて、「中央図書館の月別購入図書統計表」となり、時間的標識の年別と場所的標識の部局図書室と実際的標識の寄贈図書とが複合されて、「部局図書室の年別寄贈図書統計表」

となるようなものである。このようにして時間的標識と場所的標識と実際的標識とがあらゆる場合に複合されて、複合されただけの統計表が作製されなければならないこととなる。

４．その他の問題

以上（１）から（４）までの図書館資料の統計表の他に、なお次の数種が考えられるが、説明を加えるまでもないと思われるので、項目だけを羅列《られつ》することにした。

1．開架蔵書数と閉架蔵書数
2．成人用図書数と児童用図書数
3．成人用図書の中、小説類図書数と非小説類図書数
4．児童用図書の中、小説類図書数と非小説類図書数
5．開架用図書の中、小説類図書数と非小説類図書数
6．参考用図書数（レファレンス・ブック）
7．雑誌合本数
8．新聞合本数
9．未整理図書数

その他特殊な統計としては第1章第3節の（5）図書館資料で表解したところの、特殊蒐書に関する統計、製本統計、資料交換調査統計がある。これらの中、製本統計と資料交換調査統計とは、第6章の経営統計にも関係するものである。

Ⅷ　図書館資料統計表の様式

1. 受入明細書

図書館での図書の受入方法には七種類の方法がある。したがって本節の統計表の基礎となる明細書は、購入図書明細書、寄贈図書明細書、保管転換図書明細書、編入図書明細書、数量更正図書明細書、帳外図書明細書、自館製作図書明細書などの七種類と、出来れば除籍図書明細書を作製しなければならない。しかし七種類の明細書を使用することは小図書館では煩《わず》らわしいから、購入と寄贈の二種類を使用することにしてもよい。

購入にしても寄贈にしても、あるいは編入にしても、受入図書の明細書の様式については、何らの規格があるわけでもないから、その様式についてはその図書館の特殊事情に応じて最も便利なものを考案すればよい。ただこれらの明細書は会計事務にも関連を持つものであるから、明細書の様式の決定については特に慎重を期し、永続性のあるものを考案することが大切である。

さて上記の明細書は、各書店や各寄贈者ごとに二通ずつ作製し、図書館の事務室と本部の会計課に各一通ずつ永久に保存させる。購入明細書については、更に別個に定められた請求書が添えられて代金が支払われる。

このようにして一箇年間に集まってくる受入明細書は、尨大《ぼうだい》な枚数となる。それらは中央館・分館別に仕訳られ更に購入・寄贈別に仕訳られ、各月ごとに仕訳られる。これはつまり第7節で述べたところの時間的標識・場所的標識・実際的標識によって分類されるということである。そしてそれぞれの標識のもとに、受入冊数・支払金額が集計される。集計に当たってはあらかじめ単位の標識によって、統計表の様式が決定される。

第４図以下に掲げるところの統計表の様式は必ずしもその全部が理想的のものではないが、各図書館の特殊事情に応じて最も適したものを考案される参考ともなれば幸いである。要は第1章第1節に述べたように、その図書館一館だけの図書館統計が、全国的な一般図書館統計の一環として、その基礎的な正確さが確保されるよう、常日頃から準備されたならばよいのである。したがって様式の如何は問題ではない。統計の様式は、ただ正確な資料が確保されるようにさえ仕組まれていればよいので、全国的に画一化することは必ずしも必要ではない。この点各図書館の実情に応じた新しい工夫と改善の余地は残されているのである。

2．館員の心がまえ

図書館員の中には、労を少なくして最大の効果を挙げるという経済原則を統計調査の中に持ち込んで、日頃から労力を惜しんで手を抜くことばかりを考え、年度末とか報告時に際して徹夜の苦しみを味う人が案外多いのではなかろうか。最少の労力で最大の効果を狙うことは決して悪いことではない。人間が理性的動物である以上、試行錯誤法的な行動に満足出来ないのは当然である。しかし、だからと云って日頃から尽すべき労力を省略して、いつかは来るであろうところの集計の際の苦労を洞察し得ないのは、甚だ悲しむべきことである。中には集計の際の苦労に押しつぶされて、事実と離れた机上だけの統計数をでっち上げたり、推算でつじつまを合したりするようなことをする図書館員が無いとは云えない。日々の統計を確実にとって、縦からでも横からでも集計が合うように日頃から準備しておく必要がある。そのためには一応さしあたり不必要と思われるように見える統計様式であっても、また一つの統計様式による統計が他の統計様式による統計と重複するように思われるものであっても、将来の累計に際して是非とも必要だと思われるものは、必ず整えておくことが大切である。このような準備がなされて初めて、いかなる報告にも速刻回答がもたらされるものといえる。

第４図　月別受入図書冊数と金額表（受入種別・部局別）

昭和　　年度

月＼種別	和書 冊数	和書 金額	洋書 冊数	洋書 金額	合計 冊数	合計 金額
4月						
5月						
6月						
7月						
8月						
9月						
10月						
11月						
12月						
1月						
2月						
3月						
合計						

註

1. 本表は年計用である。毎月継続記入して行く。
2. 受入種別（購入・寄贈・その他など）
3. 部局別（本館・分館・部局別など）
4. 標題は、例えば「昭和二十八年度　京都府立図書館購入図書冊数・金額表」と書く。
5. この場合、京都府立図書館河原町分館についても、購入・寄贈・編入などごとに一通ずつ作製されるから書類はその枚数だけ必要である。
6. 欄見出しに「本館・部局名・分館名・図書室名など」を入れると、「部局別（分館別）受入図書冊数と金額表」が出来る。
7. 欄見出しに「000・100・200など」の分類を入れると、「分類別受入図書冊数と金額表」が出来る。

第5図　分類別蔵書統計表（部局別）

昭和　年　月

分類別＼区分	前（月または年末）所蔵数 和書	前（月または年末）所蔵数 洋書	前（月または年末）所蔵数 計	本（月または年）増加数 購入 和書	購入 洋書	寄贈 和書	寄贈 洋書	その他 和書	その他 洋書	本（月または年）除籍数 和書	除籍数 洋書	現在数 和書	現在数 洋書	現在数 合計
000														
100														
200														
300														
400														
500														
600														
700														
800														
900														
合計														

註
1. 本表は月計・年計併用である。
2. 標題は例えば「神戸市立本山小学校図書館・蔵書統計表」と書く。ただし小・中学校では洋書の受入があるまで洋書欄を省略する。
3. 本表の基礎資料は第4図から引用する。

3. 和書・洋書の区別

この場所で実際的標識としての和書洋書の区別について、一応触れてみよう。和書洋書という言葉はまた、和漢書洋書という言葉で云い表わされたり、内国書外国書という言葉で云い表わされたりする。この和書洋書という言葉は、もちろん和装本洋装本などの、図書の装幀についての区別ではない。それは主として欧文で書かれているか和文で書かれているかの形式による区分である。したがってある図書が我が国で出版されたとしても、その文章が欧文である場合は洋書に入れ、逆にアメリカで出版された図書であっても、その文章が和文で書かれている場合は和書に算入する。

ところがここに二つの問題が生じる。その一つはある図書が欧文と和文とを同時に併用している場合、洋書であるか和書であるかという問題であり、他の一つは欧文も和文も用いないで欧文和文以外の文字を使っているものはどうするかの問題である。例えばサンスクリットやオンモン［ハングル］などの場合である。前者については従来から習慣的に和書に入れることによって解決している。しかし後者については非常にその取扱いに困難を感じる。サンスクリットやオンモンなどは、和書にも洋書にも入れられないからである。

そこでこの種の図書を沢山所蔵する図書館では、勢い洋書和書という言葉の使用を止めて、内国書外国書という言葉を使用するようになる。そしてサンスクリットやオンモンで書かれたものは、当然外国書の中に算入される。しかし内国書外国書という言葉にもまた、色々の難点を伴うものである。内国書というものは国内で刊行された図書であり、外国書というのは外国で刊行された図書であるという感じを持つ。したがってこの基準で行けば、和文で書かれた図書でも国外で刊行されたものは外国書となり、欧文で書かれた図書も国内で刊行されたものは内国書となる。このため蔵書統計面では幾多の混乱を生ずるおそれがある。

それでは和書洋書の区別は何を以って基準としたらよいのか。この問題を解決する鍵は、何故このような区別をしなければならなかったかの歴史的背景が解決する。我が国においてはおそらく明治以前には、このような問題は起こっていなかったであろう。それは大部分が漢籍または和本であったからだ。そうすると和書洋書の区別問題は、要するに明治開国以後の問題として生じたものに違いない。我が国が明治政府によって開国政策を採り、大いに外国の文明文化を輸入しようとした時、第一に外国語、殊に英語の修得が奨励され、第二に外国図書の研究が盛んとなった。この時から和書洋書の区別をする必要が生じたものと思われる。すなわち図書館においては一体全図書の何％が外国書であるか（この場合の外国書は主に洋書を指す）、また全閲覧冊数の何％が外国書であるか（この場合の外国書もまた洋書を指す）ということを知ることは、図書館経営者にとって一つの重大な関心事であった。

現在でもまだ関心の度合は減じていない。それは敗戦後の我が国の図書館界が、いかに洋書入手に競奔《きょうほん》したかによっても明らかである。このような理由のために、内国書外国書という言葉よりも、和書洋書という言葉が強い執着のもとに使用されて来た。もう一つの理由は、外国書である漢籍を充分読みこなすことの出来る日本人は、漢籍をも和書と同様に扱う観念を持ち、特に和漢書と洋書というように使い習わして来たのであった。

しかし上にも述べたように、和書洋書の区別には幾多の矛盾を孕んでいる。また内国書外国書の区別にも同様に計算上の混乱を招き易い。しかし今更このような慣習上の区別を一挙に止めてしまうことも出来ない。そこで何とか一応の基準を設定する必要に迫られる。ここにその基準を次のように定めてみた。

和書として計算するものは、その刊行の場所のいかんに拘らず、片仮名・平仮名・漢字などで書かれているものとし、洋書として計算するものは、その刊行の場所のいかんに拘らず、片仮名・平仮名・漢字など以外の文字で書かれたものとする。ただし和文をローマナイズしただけのローマ字本は和書に入れる。もしある図書の本文が、片仮名・平仮名・漢字などとそれ以外の文字を混用している場合は、総べて和書に算入する。ただし序文や跋文《ばつぶん》が和文で本文が欧文であるような場合は、洋書に算入する。したがって英和辞典や訳付き英書は和書に入り、また支那時文は当然外国書であるけれども、和書に入れる。更にまたサンスクリットやオンモン書は洋書に入れる。この場合の洋書という言葉の意味は、外国語書という意味に解釈する。

この基準はただ慣習を生かすための便宜上の約束であって、数学における公理のような性質のものではない。この基準はまた、利用統計中の閲覧統計の際にも準用する。

第6図　特殊資料統計表（部局別）

昭和　　年　　月

種別	区分	前（月または年末）所蔵数	本（月又は年）増加数 購入	本（月又は年）増加数 寄贈	本（月又は年）増加数 寄託	本（月又は年）除籍数	現在数
印刷資料	パンフレット						
	リーフレット						
	楽譜						
	クリッピング						
	記録						
	古文書						
	地図・海図						
	点字書						
マイクロ資料	マイクロ・フィルム						
	マイクロ・カード						

註
1. 本表は月計・年計併用である。
2. 寄託欄には借用を含める。主にマイクロ資料やフィルムなどを予想した。
3. 美術品などは何点、図表などは何枚、フィルムなどは何本何巻、レコード類は何組何枚、紙芝居は何組、ラジオは何台で表す。
4. ラジオとテレビジョンは設備の統計に入れるのが妥当であるが、視覚資料の他のものと関連するので、ここにも入れることにした。

種別	区分	前（月または年末）所蔵数	本（月又は年）増加数 購入	本（月又は年）増加数 寄贈	本（月又は年）増加数 寄託	本（月又は年）除籍数	現在数
視覚資料	美術品						
	標本						
	模型						
	実物						
	考古資料						
	地球儀						
	無声フィルム						
	紙芝居						
	ストリップ・スライド						
	幻灯板						
	その他図表・ポスター等						
聴覚資料	ラジオ						
	テレビジョン						
	レコード						
	発生フィルム						

第7図　設立別図書館蔵書冊数一覧表

昭和　　年　　月　　日調査

設立別	種類＼蔵書数	1～5千	5千～1万	1万～5万	5万～10万	10万～15万	15万～20万	20万～30万	30万～50万	50万～100万	100万～150万	150万～	不詳	計
私立	公共													
	特殊													
	小学校													
	中学校													
	高校													
	短期大学													
	大学													
	小計													
公立	公共													
	特殊													
	小学校													
	中学校													
	高校													
	短期大学													
	大学													
	小計													
国立	公共													
	特殊													
	小学校													
	中学校													
	高校													
	短期大学													
	大学													
	小計													
合計														

註
1. 本館・分館別に調査することも一方法である。
2. 公共図書館の内訳として、都道府県立・市区立・町立・村立別に調査することも一方法である。
3. 法律・経済・文学・医学・工学・農林などの学校種別や総合大学・単科大学別に調査することも一方法である。

Ⅸ　図書館資料統計規則案

1. 図書館資料は次の三種に大別して、別個に集計する。
A. 図　書　　B. 逐次刊行物
C. 特殊資料

2. 図書は受入冊数を以って蔵書統計の基準とする。和書洋書の区別に際しては、その刊行の場所のいかんに拘らず、片仮名・平仮名・漢字などで書かれた図書は和書に算入し、それ以外の文字で書かれた図書は洋書に算入する。ただし和文をローマナイズしたローマ字本は和書扱いとする。なお本文が和文欧文混用の場合は和書に算入し、序文や跋文が和文でも本文が欧文などである場合は洋書に算入する。したがってこれらの場合の和書洋書の区別は、内国語書・外国語書と解釈する。

3. 逐次刊行物はその年度に受入したものに限り、その種類と部数を調査する。この場合バックナンバーは計上しない。また既存のもので合冊製本したものは図書台帳に登録の上、図書の中に計上する。この場合の統計単位は製本師的単位を採る。

4. 特殊資料はパンフレット、リーフレットなどの印刷資料と、マイクロ・カード、マイクロ・フィルムなどのマイクロ資料と、視聴覚資料とに分ける。ただしパンフレットの中で学術的価値のあるものや歴史的な貴重資料は単行本として登録し、図書の中に計上する。なお合本した場合は製本師的単位を採る。

5. 視聴覚資料は視覚資料と聴覚資料とに分け、更に視覚資料は平面的なもの・立体的なもの・動的なものの三種に分ける。点計に際しての呼称は、その資料の種類に応じて、何枚・何点・何個・何種・何組などの名称を用いる。

6. 図書館資料として計上するものは、利用される状態におかれているものに限ることとし、未整理のものや単に保管しているに過ぎないものや、視聴覚資料などで破損して利用することの出来ないものは総べて除外する。したがって寄託されたものや借用しているものでも、現に利用しまたは利用出来る状態にあるよう整理されたものは、一応全部所蔵資料統計に算入する。

7. 除籍数は正式に除籍処分に附されて、除籍簿または図書台帳か資料原簿の備考欄に記入されたものだけを計上する。

8. 図書の価格は登録時の時価または見積価格とし、送料を支払ったものは加算する。逐次刊行物などの合冊製本されたものは、原資料の時価に製本費を加算したものを登録時の価格と見做す。

第５章　利用に関する統計

Ⅰ　利用統計の意義

従来我が国の図書館界では、図書館に収蔵する資料は図書および雑誌などに限るものだと思われていたので、図書館利用の統計もまた図書雑誌などの紙に印刷されたものの利用という意味で、主に閲覧統計という言葉が使用されて来た。しかし第４章第1節で述べたように、今後の図書館資料が広く視聴覚資料などにまで手を拡げなければならないことを示すようになったので、利用統計を紙に印刷されたものの閲覧統計のみに限定することは、当然改められなければならないことになった。

図書館における利用統計をこのように解釈してみると、次の各々の場合の統計が予想される。

1. 図書雑誌などの閲覧に関する統計
2. 図書雑誌類以外の図書館資料の利用に関する統計
3. 図書館施設や備品などの利用に関する統計

ここで説明の便宜上図書館資料に関する統計と、利用に関する統計の両者の性格を比較してみよう。図書館資料に関する統計は、人間の行為の結果として出来上がった図書類、逐次刊行物、その他の特殊資料などの、その図書館における蒐集状態を中心とした図書館現象の数量的観察を行うのであるが、利用に関する統計は、それら蒐集された図書館資料や設備された図書館施設などが、いかに利用されているかの観察を行うのである。したがって資料に関する統計は、いわば図書館での動かないものの統計であり、利用に関する統計は図書館での動くものの統計である。前者はいわゆる静的な統計であり、後者は動的な統計である。

もっとも動く統計動かぬ統計といっても、元来人間社会の統計はその総べてが人間と人間の意志行為の結果を観察するのであるから、その観察の対象である大量は絶えず動きつつある。しかし動きつつあるにしても図書館資料に関する統計の対象と、利用に関する統計の対象とはおのずから動と静の区分が出来る。このように両者の関係を動と静との関係にあるものとして、図書館活動の真の成果は後者の利用面の動きに現われるものであることは云うまでもない。いかほど立派な腕前を持った図書館専門職員が、いかに多数その図書館に待機していても、またいかに沢山優秀な図書館資料が書庫や資料室に充満していても、少しも利用されることなく動かなかったならば、待機している図書館員も収蔵されている図書館資料も、無いに等しい。したがって蒐集された図書館資料がいかなる状態においていかに利用されているかを知ることは、その図書館がいかに活動しているかを示すバロメーターであり、図書館活動の死活を決定するものは実に図書館資料の利用いかんにある。

もし資料蒐集の計画に疎漏《そろう》があったり、年度予算を偏って使用し尽くしたり、各部門別蒐書比率にその図書館の特殊性が考慮されていなかったり、分類組織や目録組織が不備のために閲覧者の欲する図書館資料が検索出来なかったり、また参考事務係に、熟達した図書館員が配置されていないために何を相談されても利用者に満足を与え得なかったり、図書館員が傲慢不遜《ごうまんふそん》でサービスしなかったりすると、すぐに館内利用や館外帯出などの利用に悪影響を及ぼすものである。逆にその図書館が近代図書館としての科学的経営に精進し、進歩した計画のもとに資料の蒐集整理保管を実施し、あるいは施設や設備や図書館用具を改善するとともに、参考事務を始めあらゆるサービス面で努力するならば、その結果は必ず利用状況の面に現われて、図書館員自身の勇気をも一層鼓舞《こぶ》するであろう。

それでは図書館の活動が利用の状況を通じてどのように進展しつつあるかを知るには、どうすればよいか。「近頃図書館の閲覧者が大変多くなって来た」とか、「館外貸出も以前と較べて随分増えたようだ」などと、利用状況は言葉で云い表すことも出来よう。またこのような文句で図書館報や図書館ニュースなどに文章として書き表すことも出来よう。しかしこれらの言葉や文字による表現の方法は、ある程度まで利用の状況を語り得ても、利用のあらゆる状態を適確に表現することは困難である。図書館活動のあらゆる活動状態を完結した描写で適確に表現するには、統計的な数字を応用することが一番手近な方法である。統計的な数字で表現するということは、個々の事例の特殊性を無視してその一般性における集団に眼をつけることである。時間的標識、場所的標識、実際的標識、量的標識などを基にして、利用状況を通して図書館活動を集団としてみることである。ここに用いられる概念は集団概念であり、集団は数えあげることによって数字化する。

数字は数学を連想する。数学は我々の思想を発表する一つの学問である。この言葉の語学を学んで、数字の物語る言葉を読みこなすことが統計解釈の本来の姿である。この意味で図書館活動を端的に表現するところの、利用に関する統計数字の物語る意味を素直に受け容れて、その数字の示唆に随《したが》って図書館の経営なり運営の改善に努力しなければならない。

歴史は過去に関心を持ち、統計は現在に関心を持ち、政治は将来に関心を持つと云われている。図書館の現在の活動状態は最も手近な利用状況に現われている。この意味で利用に関する統計は図書館経営の鏡である。図書館経営の改善工夫と近代的な科学的経営の反省資料は、利用に関する統計を基礎にしなければならない。

以上は大体一館図書館統計の立場から利用統計の意義を考えてみたのであるが、第1章第1節でも述べたように、全国的な一般図書館統計の立場からも、利用統計は考察される必要がある。その時始めて全国的な図書館現象が明らかとなる。この意味から利用に関する統計についても、絶えず正確な資料が獲得されて居り、且つ報告される必要がある。

Ⅱ　利用者の統計

利用に関する統計は、利用する主体である人の面と、利用される客体である図書館資料の両面から考察されなければならない。前者は利用者の統計であり、後者は図書館資料の統計である。これを図書資料にあてはめてみると、利用する主体の統計は閲覧人員統計または閲覧者統計であり、利用される図書資料の統計は閲覧図書統計である。従来はこの両者を合して閲覧統計といい、統計面では閲覧人員数または閲覧者数および閲覧冊数または閲覧図書冊数という云い表し方をして来た。閲覧図書冊数は雑誌閲覧冊数という言葉と語調を揃えるため、図書閲覧冊数とも云われている。

図書館統計の研究対象は、人間の大量と人間の意志行為の大量と人間の行為の結果の大量について、数量的大量観察をすることであった。この意味で図書館資料の利用に関する統計では、まず最初に利用者という人間の大量が対象となる。人間の大量は人間そのものが観察単位となる。この観察単位のことを統計単位という。前章で述べた図書館資料の統計では、図書や準図書類が混在していたため、それらの統計単位については色々と難しい問題を生じたが、本節の利用者の統計では統計単位が人間そのものであるために、困った問題は起こり得ない。それは人間そのものが自然に与えられた一定の形態を持っているために、人間の定義に疑義を生ずるおそれがないからである。

利用者の統計には普通利用に際しての申込書を調査票または計牌に代用する。統計調査に使用する計牌というのは、統計単位ごとに一葉をあてた各個体に関する記録票のことで、硬質紙製の小形カードに自然数1、2、3……を列記印刷して、この数字を観察対象の特徴に振り当てるものである。そこで日々の図書館統計に際しては、利用についての申込書すなわち閲覧票をこの代用とする。閲覧票は閲覧カード、閲覧証、閲覧請求票、借覧証など色々の名称が使用され、その大きさもまた各図書館ごとにまちまちであって別に規格というものはない。したがって出来れば目録用の標準カードと同じ大きさの寸法（縦7・5cm×横12・5cm）としておくと、目録用カード・ボックスの抽出を利用することが出来て、閲覧票の保存に整理に仕訳に好都合である。例えばその整理方法として、日附別にまたは職業別・学年別に、あるいは分類別・男女別などにいつでも整理編成することが出来、またそれらの整理のための見出しカードの挿入にも便利である。

閲覧票は統計調査の際の調査票または計牌の代用として使用するものであった。したがって閲覧票には閲覧に関する統計がとれるように、あらかじめ時間的標識・場所的標識・実際的標識・量的標識などが調査事項として盛られていなければならない。閲覧票に印刷しなければならない事項は、その図書館の特殊性によって異なるものであるが、例えば公共図書館では職業欄が必要であっても、学校図書館や大学図書館では不必要であり、その代わりに学年組別や部科別が必要である。また同一図書館においても館内貸出の場合と館外貸出の場合とでは、その様式はおのずから異なって来るはずである。このように各図書館が各図書館のそれぞれの立場において、適切な記載様式を決定すればよい。ただいずれの図書館の閲覧票にも欠くことの出来ない事項は、年月日、職業別または学年組別・部科別、請求記号（分類記号と図書記号と冊数記号）・著者・書名・冊数などである。公共図書館ではこの他に、住所、性別、年齢などが必要であろう。

閲覧票の記載事項は利用者側で記入する。そして記載事項に基づいて図書が貸出され、返却後の処置を終えた閲覧票は図書館員の手によって分類される。統計上分類とは各単位を調査して得た諸事項を、一定の標準にしたがって共通点類似点の有するものをまとめて異質のものを区分し、一定の集団に類別しまたは数量的資料はその数値の大小に応じて一定の階級を設けることである。これによって標識に現われる集団現象を知る基本的な手段とする。したがって分類にも当然時間的分類、場所的分類、実際的分類、量的分類の区別が生じる。以上は統計一般に際しての分類の定義であるが、閲覧票による利用統計では、調査事項の判別に困難を起こすようなものがないから、この分類による煩しい問題は何ら生じない。

１．図書雑誌類の閲覧者統計

閲覧者統計は館内閲覧と館外帯出との区別によって、館内閲覧人員統計と館外閲覧人員統計（館外帯出者統計）の二種に大別出来る。両方とも単位の時間的標識・場所的標識・実際的標識に基づいて分類することが出来る。

1. 館内閲覧人員統計

A. 単位の時間的標識による分類

a. 日々(日別)館内閲覧者

b. 月別(月々)館内閲覧者

c. 年別(年々)館内閲覧者

B. 単位の場所的標識による分類

a. 中央図書館館内閲覧者

i. 一般閲覧室館内閲覧者

ii. 特別閲覧室館内閲覧者

iii. 児童閲覧室館内閲覧者

iv. 婦人閲覧室館内閲覧者

v. 雑誌閲覧室館内閲覧者

vi. 新聞閲覧室館内閲覧者

b. 分館、学級図書室、部局図書室など館内閲覧者

c. 巡回文庫、貸出文庫、自動車文庫など閲覧者

C. 単位の実際的標識による分類

a．分類別館内閲覧者
b．職業別館内閲覧者
c．学年別、部科別館内閲覧者
d．性別館内閲覧者
e．年齢別館内閲覧者
f．和書・洋書別館内閲覧者

2．館外閲覧人員統計（館外帯出人員統計）
内訳は館内閲覧人員統計と同じ

以上の館内閲覧人員統計と館外閲覧人員統計の種別は、その図書館の特殊性によって、増加または減少する。例えば（B）の（a）の（iii）と（iv）や（B）の（c）などは、学校図書館や大学図書館では不要であるし、（C）の（c）は公共図書館では不要である。このような意味からすれば、（B）の（a）の（iii）の代わりに学校や大学図書館では、むしろ教員図書室や教授研究室の統計が必要であろう。またこの一覧表中の巡回文庫、貸出文庫、自動車文庫などの利用については、中央図書館での一般閲覧室や特別閲覧室などにおける閲覧事情とは異なり、巡回文庫では巡回箇所や停留期間を調査する必要があり、貸出文庫では貸出団体数が問題となり、更に巡回文庫では巡回箇所と巡回の時のその場所での利用と、巡回の際の貸出（館外貸出に相当する）を区別して統計をとらなければならない。この事柄については第1章第3

節図書館統計の体系中、第8の利用の項を再度参照されたい。

なお学校図書館での図書館教育などのための図書館の団体利用については第5節で述べることとし、本節では最後に開架式閲覧の問題を採り上げておきたい。開架式閲覧方法を採用しているアメリカの図書館界では、ほとんど閲覧統計をとっていない。戦後CIEの図書館が日本の各地で創設された時も同様であった。CIE図書館がアメリカ文化センターとして改編されても同様である。またアメリカの文献を見ても貸出に対する統計数は出ていても館内閲覧についての統計数は出ていない。ただ僅かに入館者数についての記録があるだけである。日本の図書館界でも公共図書館に関しては、文部省社会教育局の公共図書館調査、(昭和二十五年十一月)では入館者帯出者の統計数はあっても、閲覧者の統計数は見当たらない。おそらく学校図書館でも開架式の場合はこの問題をどうするかについて悩みがあると思う。

一体開架式の場合閲覧統計は不要なものであろうか。私見によれば開架式の場合といえども、閲覧統計は絶対必要だと思う。図書館現象の把握に数的な根拠がなくては、図書館の経営は出来るものではない。アメリカの図書館界でも館内閲覧の統計の必要を強調するようになっていることは、日本図書館協会から出されているインフォーメーション・サービスの掲載文を見てもわかる。ただ問題はいかにして閉架式の閲覧統計をとるかの方法である。

閲覧票の記入を閲覧者自身にさせることが原則である以上、開架式の場合でも閲覧統計のための手続は当然閲覧者自身の自発的協力に俟たなければならない。閲覧者自身にこの協力の精神を欠く場合には、おそらく開架式の閲覧統計はとれないであろう。ただその協力の程度を出来るだけ簡略にして、協力し易いようにすることが大切である。閉架式と違って開架式の場合は眼の前に現品があるのであるから、著者書名などを省略して専ら請求記号と冊数だけにするといった方法もよい。いずれにしても利用するのは自分一人だけでないことをさとらせて、喜んで一定様式の閲覧票に記入するよう訓練することは、他の公民教育と並んで尊重されなければならない。統計の内容、分類、様式などについては、閉架式の場合と何ら異なるところがないから省略する。

２. 特殊資料の利用者統計

ここにいう特殊資料の利用者とは、図書類・雑誌類など紙に印刷されたもので読むことを主とするもの以外の図書館資料の利用者をいう。もっともマイクロ・フィルム、マイクロ・カードは読むことを主とするものであるが、その形態と材料が図書類・雑誌類と異なるために本項に入れることとした。したがってここでの利用の対象は地図・図表などの平面的な視覚資料と、美術品・標本などの立体的な視覚資料と、フィルム、レコードなどの視聴覚資料を指す。

１. 単位の時間的標識による分類

Ａ. 日々（日別）特殊資料利用者

Ｂ. 月別（月々）特殊資料利用者

Ｃ. 年別（年々）特殊資料利用者

2. 単位の場所的標識による分類

A. 中央図書館における特殊資料利用者

a. 特殊資料室利用者

b. フィルム・ライブラリー利用者

c. レコード・ライブラリー利用者

d. マイクロ・ルーム利用者

B. 分館、部局図書室などにおける特殊資料利用者

3. 単位の実際的標識による分類

A. 地図、図表、写真、肖像などの利用者

B. 美術品、標本、模型、実物などの利用者

C. 紙芝居利用者

D. スライド利用者

E. 映画利用者

F. レコード利用者

G. ラジオ利用者

H. テレビジョン利用者

I. マイクロ・フィルム、マイクロ・カード利用者

ここで利用者というのは、地図・図表・美術品・模型・紙芝居・スライドなどについては観覧者のことであり、映画・テレビジョンについては鑑賞者のことであり、レコード・ラジオについては聴取者のことであり、マイクロ・フィルム、マイクロ・カードについては閲読者のことである。したがって映画会幻灯会などの外来主催者の特殊資料の利用回数や館外貸出については、次の項の図書館施設や備品の利用者統計にゆずり、ここでは専らその図書館自体における統計のみを主体とする。なお視聴覚資料の利用者は大抵の場合団体利用が多いから、利用回数または団体数を附記する。学校図書館では団体数の代わりに学級数とする。

3. 図書館施設や備品の利用者統計

ここにいう図書館施設や備品とは、読んだり視たり聴いたりする個々の図書類や視聴覚資料を除いた他の図書館施設や備品の一切を指す。

1. 単位の時間的標識による分類
   A. 月別（月々）施設・備品利用者
   B. 年別（年々）施設・備品利用者
2. 単位の場所的標識による分類
   A. 中央図書館の施設・備品利用者
   B. 分館などの施設・備品利用者
3. 単位の実際的標識による分類

A．施設別利用者
a．フィルム・ライブラリー利用者
b．レコード・ライブラリー利用者
c．会議室利用者
d．展観室利用者
e．展覧会室利用者
B．備品別利用者
a．視聴覚関係用具利用者（レコード・フィルムなど）
b．体育関係用具利用者（野球用具・庭球用具など）
c．娯楽関係用具利用者（碁・生花用具など）
d．生産関係用具利用者（農機具・水産用具など）
e．共同生活関係用具利用者（共同炊事用具・冠婚葬祭用具など）
f．保健・衛生関係用具利用者（医薬機具・薬品など）

ここにいう（3）の（A）の施設別利用人員統計は、前項での（3）の（E）または（F）と重複するようであるが、主催がその図書館の主催でなくて婦人会だとか青年団のような図書館外の団体などの利用の場合をいう。例えば京都府立図書館がブック・ウィークにフィルム・ライブラリーを開放して、新しい外国発声映画の鑑賞のための映画会を開催した場合の入場者数は、前項での（3）の（E）に該当し、京都図書館協会の昭和二十八年度総会が京都府立図書館で開催されたとして、その場合のフィルム・ライブラリーの使用は本項（3）の（A）の（a）に該当する。したがってこの場合の統計は主催者団体数と出席者数の複数となる。なお（1）の図書雑誌類の閲覧者統計、（2）の特殊資料の利用者統計、（3）の図書館施設や備品の利用者統計については、全国的な一般図書館統計として統計資料が集った場合には、それぞれ量的標識による統計が考えられる。

Ⅲ　利用者統計表様式

第8図　職業別閲覧人員統計表（室別・館内外別）　開館日数（　）

日	曜	天気 ＼ 職業別	俸給生活者	労務者	農林	水産	商工	学生	生徒	児童	その他	無業	合計
1													
2													
3													
30													
31													
合計													
前月比較増減													
一日平均													
構成百分比													

註

1. 本表は公共図書館向月計用様式である。
2. 室別（一般・特殊・婦人・雑誌・新聞室などの別）。
3. 館内外別（館内閲覧・館外帯出別）
4. 標題には例えば、「神戸市立図書館一般閲覧室館外帯出者統計表」と書く。
5. 婦人数を調査する図書館では、「同上の内婦人」という欄を設けて婦人閲覧者数を抽出する。
6. 抽出統計として「不閲者欄」を設けてもよい。
7. 職業別はその土地の事情に応じて、鉱業、公務自由業、家事使用人、交通業などを追加してもよい。
8. 日附の欄と曜日の欄とを、月別および月別毎の開館日数を記入する欄に変更すると年計用に代用出来る。その場合には「前月比較増減」の見出しは、「前年比較増減」と書き直す。

第9図　児童室閲覧人員統計表（館内外別）　開館日数（　　）

日	曜	天気	幼児 男	幼児 女	小学一年 男	小学一年 女	小学二年 男	小学二年 女	小学三年 男	小学三年 女	小学四年 男	小学四年 女	小学五年 男	小学五年 女	小学六年 男	小学六年 女	中学一年 男	中学一年 女	中学二年 男	中学二年 女	中学三年 男	中学三年 女	合計 男	合計 女
1																								
2																								
3																								
30																								
31																								
小計																								
合計																								
前月比較増減																								
一日平均																								
構成百分比																								

註　日附の欄と曜日の欄とを、月別および月別毎の開館日数を記入する欄に変更すると、年計用に代用出来る。その場合は「前月比較増減」の見出しは「前年比較増減」と書き直す。

第10図　学級別団体利用回数統計表（室別）　昭和　　年度

年組別／月別	一年				二年				三年				合計
	A組	B組	C組	小計	A組	B組	C組	小計	A組	B組	C組	小計	
4月													
5月													
2月													
3月													
合計													
一月平均													
構成百分比													

註

1. 本表は中学校図書館向け年計用である。
2. 小学校図書館向きには上欄、学年級数を増加すればよい。
3. ここに室別というのは、一般閲覧室、特殊資料室、フィルム・ライブラリー、レコード・ライブラリー・参考室などを指す。
4. 会議室、展観室、展覧会室の備えある学校ではそれらの室毎の利用回数表も作製する。

第11図　特殊資料利用人員統計表（館内外別）　昭和　年度

室別／月別	特殊資料室						フィルム・ライブラリー					レコード・ライブラリー			マイクロ・ルーム			合計
	地図	図表	写真	一枚物	その他	小計	紙芝居	スライド	映画	テレビ	小計	レコード	ラジオ	小計	フィルム	カード	小計	
4月																		
5月																		
2月																		
3月																		
合計																		
一月平均																		
構成百分比																		

第12図　外部団体図書館施設利用回数統計表　昭和　年度

室別＼月別	フィルム・ライブラリー	レコード・ライブラリー	会議室	展観室	展覧室	合計
4月						
5月						
2月						
3月						
合計						
前年比較増減						
一月平均						

註　回数と利用延べ人員を併記する。

Ⅳ　利用度の統計

普通利用度の統計については利用者の統計と同じように、閲覧票を基にして集計する。その方法についての解説は第2節に述べたところの利用者の統計方法と何ら変わりはない。そこでここでは閲覧票を基にして利用度の統計方法を解説することは省略したい。

利用度の統計で利用者の統計に準じて単位の時間的標識、場所的標識、実際的標識によって分類してみよう。

１．図書雑誌類の閲覧冊数統計

閲覧冊数統計は閲覧者統計と同じように、館内閲覧冊数統計と館外閲覧冊数統計（館外貸出冊数統計）の二種に大別出来る。

１．館内閲覧冊数統計

Ａ．単位の時間的標識による分類

日々（日別）・月別（月々）・年別（年々）

Ｂ．単位の場所的標識による分類

中央館（一般・特別・児童・婦人・雑誌・新聞閲覧室）

分館・学級・部局図書室など

巡回・貸出・自動車文庫など

Ｃ．単位の実際的標識による分類

分類別・職業別・学年別・部科別・年齢別・性別・和書洋書別

２．館外閲覧冊数統計

内訳は館内閲覧冊数統計と同じ。

２．特殊資料の利用点数統計

ここに点数といっても、地図・図表などは枚数であり、美術品・標本などは個数であり、フィルムは何本何巻、レコードは何組何枚である。

1. 単位の時間的標識による分類
日々（日別）・月別（月々）・年別（年々）

2. 単位の場所的標識による分類
特殊資料室、フィルム・ライブラリー、レコード・ライブラリー、マイクロ・ルーム

3. 単位の実際的標識による分類

A. 地図・図表・写真など　B. 美術品・標本・模型など
C. 紙芝居　D. スライド
E. フィルム　F. レコード
G. ラジオ　H. テレビジョン
I. マイクロ・フィルム、マイクロ・カード

3. 図書館施設や備品の利用度数統計

1. 単位の時間的標識による分類
日々（日別）・月別（月々）・年別（年々）

2. 単位の場所的標識による分類
中央館・分館

3. 単位の実際的標識による分類

施設別・備品別

以上の利用度の統計分類を第2節の利用者の統計分類と照合してみると、時間的標識による分類においても、場所的標識による分類においても、また実際的標識による分類においても、全く同じであることがわかる。これは当然のことであって、利用者あっての利用度であってみれば、両者に区別のあるはずはない。閲覧ということはある人間がある図書を読むことであるから、読むという行動が起こるためには、読む人と読まれる図書が当然考えられる。したがって読む人という人間の統計と、読まれる図書という図書の統計とは絶えず一体であって、読む人という人間の統計の分類は当然また読まれる図書の統計の分類と同一でなければならない。したがって読む人間の統計と読まれる図書の統計とは別個に分類すべきものではなく、一つに考えられなければならない。

V　利用度統計表様式

前節の終わりにも述べたように、利用者あっての利用度であるから、利用度の統計様式は全く利用者の統計様式と合致するものである。したがって職業別閲覧冊数統計は、第8図の職業別閲覧人員統計表様式の各欄に閲覧冊数を記入すればよいのであるし、児童閲覧室閲覧冊数統計様式は、第9図の児童室閲覧人員統計様式を準用すればよい。

また特殊資料利用点数統計様式も、第11図の特殊資料利用人員統計様式を準用すればよい。

したがってここにはこれらの様式を再び掲載することを止め、その一切を省略することにした。

ただ巡回文庫または公民館の統計についてはその特殊事情もあるから、第13図や第14図の様式が便利である。

第13図　巡回文庫利用統計表　昭和　年（月）

区分／箇所名	回付冊数	停留期間	閲覧人員				閲覧冊数											回付冊数100ニ対スル閲覧冊数ノ比	一日平均		前年比較増減		開館（回付）日数
			男	女	児童	計	000	100	200	300	400	500	600	700	800	900	計		閲覧人員	閲覧冊数	閲覧人員	閲覧冊数	
合計																							
百分比																							
備考																							

第14図　公民館備品利用人員（または団体利用回数）統計表　昭和　　年度

用具別／月別		体育用具						娯楽用具					生産用具				生活用具					保健用具					合計
		野球	庭球	バレー	卓球	その他	小計	碁	将棋	麻雀	生花	小計	農機具	製粉	その他	小計	炊事	冠婚	葬祭	その他	小計	医療器	薬品	散髪	その他	小計	
個人利用（延人員）	4月																										
	5月																										
	2月																										
	3月																										
	合計																										
団体利用（延回数）	4月																										
	5月																										
	2月																										
	3月																										
	合計																										

１．利用人員・冊数相関表

以上は大体利用度の統計様式は利用者の統計様式に準じて作製すればよいことを述べたのであるが、ここでどうしても解説しておかなければならない問題がある。それは閲覧冊数の統計といい、また利用点数の統計といっても、ただそれだけを単独にとっていては統計の半分の目的しか果たしていないということである。このことは閲覧者の統計や利用者の統計についても同じことが云える。何故かというと、閲覧人員と閲覧冊数との関係は丁度紙の表裏のようなもので、互に切り離すことの出来ない密接な関係をもっているからである。どちらか一方を考えない他方は決してあり得ないので、閲覧者あっての閲覧冊数であり、閲覧冊数を考えることは既にその前提として閲覧者を考えているのである。我々が知りたいのはこれらの両者がどんな関連性において共在しているのかということである。だからどんな種類の閲覧者達が、どんな種類の図書類をどんな風に閲覧しているかが知りたいのである。このように図書館利用者と図書館資料との結びつきを、統計的な数の上から相関的に知るということは、図書館経営者として最も知りたい点である。そこで閲覧人員と閲覧冊数とが、同一統計表の中に表わされることが是非とも必要である。図書の閲覧に限らず、雑誌の閲覧でも特殊資料の利用でも、同一統計表内に両者の表現されることが望ましい。

しかし、もともと統計表というものは、表の作製が出来るだけ簡単容易であるということと、そこに表わされた数字そのものもまた容易に読み取れることを必要条件とする。一方では、閲覧者と閲覧冊数との相関々係をよりよく見るために同一の表に表わすことが望ましいに拘らず、他方では同一の表に表わすための作表の困難と読み取りの困難さとが伴う。このジレンマは不可避的なものである。

このような目的を達するために第15図のような統計様式が考えられる。

第15図　図書閲覧統計表昭和　年　月　開館日数（　）日

日	曜	実人員	分類／延	000 総記		100 哲学		200 歴史		300 社会科学		400 自然科学		500 工学		600 産業		700 芸術		800 語学		900 文学		合計	
				和	洋	和	洋	和	洋	和	洋	和	洋	和	洋	和	洋	和	洋	和	洋	和	洋	和	洋
日	曜	人	人																						
			冊																						
↓																									
日	曜	人	人																						
			冊																						
合計		人	人																						
			冊																						

2. 実人員と延べ人員

ここで前記様式中の実人員という用語について説明しておきたい。実人員という用語に対立する用語は、延べ人員という用語である。今ここに甲なる人がいて図書館で一冊の図書を借覧したとする。この場合閲覧統計面では云うまでもなく一人一冊の閲覧として表現される。しかし甲なる人が二冊の図書を借覧した場合はどうであろうか。閲覧統計面では必ずしも一人二冊の閲覧として現われるとは限らない。今このことを次のように分解して考えてみるとよく了解されると思う。

1. 日々（日別）閲覧統計では一人二冊と計上される。
2. 分類別閲覧統計では一人二冊と計上される場合と、二人二冊と計上される場合とがある。
3. 職業別閲覧統計では一人二冊と計上される。
4. 学年別・部科別閲覧統計では一人二冊と計上される。
5. 年齢別閲覧統計では一人二冊と計上される。
6. 和書・洋書別閲覧統計では一人二冊と計上される場合と、二人二冊と計上される場合とがある。

以上（1）から（6）まで通覧してみると、問題となるのは（2）の分類別と（6）の和洋別の場合である。それは甲なる人の借りた二冊の図書の内容によるわけであって、（2）の場合二冊とも哲学であれば分類の一〇〇に一人二冊として計上されるが、一冊は哲学で他の一冊が法律であれば、分類の一〇〇には一人一冊、分類の三〇〇にも一人一冊と計上されて、合計欄では二人二冊と計算される。（6）の場合においても同様であって、二冊として計上されるが、一方が和書で他方が洋書であると、和書の欄でも洋書の欄でもそれぞれ一人一冊と記入されるから、合計欄では二人二冊と勘定されることになる。しかも実際に閲覧したのは一人であるから、その一人のことを実人員といい、計算面での二人を延べ人員という。両者の関連は、館内閲覧と館外貸出の両方にも生じる。

更に実人員と延べ人員との関係は、時間的関係においても考えられる。

1．午前と午後と同一人が来た場合。
2．一週間を通じて同一人が来た場合。
3．一箇月間を通じて同一人が来た場合。
4．一箇年間を通じて同一人が来た場合。
5．数箇年間を通じて同一人が来た場合。

そこで図書館員として知りたいのは、もちろんこれらのいずれの場合も知りたいのであるが、しかし一番知りたいのは一日の中で、実際に何人の閲覧者にサービス出来たかということである。一日に何人入館したかということは、入館者数を調査すればわかる。しかし第6章でも触れることになっているが、場所的不閲者といって、図書館の図書を借りるために入館したのではないところの不閲者の問題がある。だから入館者の調査だけでは実人員の調査は出来ない。また借りたい図書が貸出中とか行方不明のために借覧出来ない不閲者もある。このためにはどうしもサービス出来得た実際の人数は、閲覧統計面から算出しなければならない。この実人員の調査は、公共図書館では在住人口数に対する比率として、また学校図書館や大学図書館では在籍学生生徒に対する比率として、また議会図書館では議員総数に対する比率として価値の多いものである。

3．雑誌閲覧統計表

次に雑誌の閲覧統計について述べておきたい。従来我が国の図書館界ではあまり雑誌の閲覧統計を重視していなかった。それは、図書館は図書を収蔵して図書を閲覧せしめるところであって、雑誌類は一種のお添え物としか考えられていなかった。この傾向は特に公共図書館方面に強かったようである。この図書中心の思想は勢い閉架式の採用となり、図書は厳重に書庫内に保管されることになった。そして雑誌については却って現在から思えば進歩的と云える開架式を採用し、自由閲覧に供されていた。しかし雑誌室の開架式採用は雑誌の価値を認識しての考えから出発したものでないことは、雑誌の閲覧統計が無視されていたことによってもわかる。雑誌軽視の傾向は雑誌室の係の配置によってもうかがわれる。雑誌係はその図書館でも最も年少であまり有能でないと思われる館員が配置されていた。時には新聞閲覧室のように、入館者の自由な出入りに任して、係員を配置しないといった方法も採られた。これらの事柄を考えてみると、雑誌係は誰でもいつでも勤まる容易な仕事であると思われていたのである。したがって雑誌の選択なども図書ほど厳重を極めなかったに違いない。このため雑誌閲覧統計などは無用とされるかあるいは無視され、どんな種類の閲覧者がどんな種類の雑誌を如何程《いかほど》閲覧しているかについては、知る方法がなかった。

そこで雑誌もまた雑誌閲覧票を備えつけておいて、第16図のような統計表を作製し、日々の閲覧状況を知る必要がある。

第16図　雑誌閲覧統計表　昭和　年　月　開催日数（　）

分類				000			100			200				900			
日	曜日	実人員	誌名／延	中央公論	文芸春秋		理想	思想		歴史	史学			文学	俳句研究		合計
日	曜	人	人／冊														
日	曜	人	人／冊														
合計		人	人／冊														
平均		人	人／冊														

4. 団体利用について

ここでは更に図書館の集団利用についての統計方法の問題について述べておきたい。戦後学校図書館では、図書館を使用しての授業が行われたり、共同研究をさせたりする場合が非常に増えて来た。それは独立の教科として図書館料を特設して、図書および図書館の利用や図書館学の知識技能を図書館において学習させる場合もあれば、教科型の教育過程として社会科や国語科で図書の愛護とか辞書の使用法とか、あるいはその教科の研究の材料を図書館に求めるため図書館において学習させる場合もある。また時には特別の教育活動として、読書会や発表会を図書館で開催することもある。このような場合に利用統計はどうすればよいか。殊に「鎌倉時代の日本の仏教について調べよう」というような教科学習の場合の閲覧統計は、最も取扱上困った問題である。

今仮に一学級五〇名の生徒の図書館利用だから利用人員を五〇人とし、鎌倉時代の仏教に関する図書や雑誌やパンフレット類が八〇点とスライド一〇枚絵葉書三〇枚合計一二〇点が備え付けてあるとすると、それらが交替でおよそ三回ずつ使用されたとして三六〇点であるから、図書雑誌は二四〇冊の閲覧冊数で、ステイド絵葉書などは一二〇点の利用点数だと勘定することも出来ないことはない。これらの数字を、日々の閲覧人員や閲覧冊数や利用点数に加算して、月々の利用統計表を作製するとどういうことになるであろうか。第一に五〇人という利用人員そのものが仮定に立っている。この人数は一応実人員ではあるが、図書の閲覧の場合とスライドの利用の場合とでは種類を異にする。図書の場合は個々人が個々人の働きにおいて利用しているのであり、スライドの場合は個々人というよりもむしろ団体として一斉に利用しているのである。また利用回数三回という仮定もあくまでも仮定であって、優れた頭脳の持ち主と優れない頭脳の持ち主とを、押しなべて一律に三回と見做すことは決して正しい方法ではない。したがって上記の方法は真に正しい統計的な方法とは云われない。

そこで出来れば全員に閲覧票を記入させて統計をとることにすればよい。しかし、ほとんど毎日と云ってよいくらいに図書館を利用しての学習が予想される以上、その学習の都度、全員に閲覧票に記入させ統計をとることは繁雑であるとともに無意味なことである。また何故集団としての図書館使用学習を、個人の図書館利用に変形して統計をとらなければならないかという統計的な本質上の、疑問も生じてくる。統計はありのままに手を加えないで、その実態を把握することを本質とするのである以上、集団利用を個人利用に変形することは許されない。つまり図書館の集団利用に関する統計と個人利用に関する統計とは、質的に異なるものであるから、別個の方法によらなければ正しい統計調査とは云えない。

そこで団体利用には団体利用の責任者によって記入させる記録票を考案し、その記録票によって別個の統計を作製するのがよい。第17図はその試案である。

第17図　図書館団体利用記録票

何学科（　　）昭和　年　月　日　自何時　至何時

目的（　　　　）　何学年何組何名　担任または責任者氏名（　　）

閲覧室	図書類	種類を分類別に記す
	雑誌類	種類を分類別に記す
特殊資料室	特殊資料	地図・図表・写真・絵葉書などの別
フィルム・ライブラリー	紙芝居	種類と組数と枚数
	スライド	種類と組数と枚数
	フィルム	種類と本数と巻数
	テレビジョン	種類と時刻
レコード・ライブラリー	レコード	種類と組数と枚数
	ラジオ	種類と時刻
マイクロ・フィルム	カード	種類と枚数
	フィルム	種類と巻数
施設	研究室	討論会・座談会・研究発表会など

記録によって統計をとる場合は、公民館などの備品利用の場合にも多い。公民館図書室などでもフィルムやレコードの貸出統計はこの例である。第18図は統計のための記録票ではないが、フィルム貸出の報告様式であって、利用統計の基礎にもなるものであるから参考のために掲載する。

第18図　京都視聴覚ライブラリー映画上映報告

年　　月　　日

（この報告は毎上映後記入して映画とともに必ず返還する）

1. ＣＩＥフィルム番号＿＿＿＿　複製番号＿＿＿＿

映画題名＿＿＿＿

2. 団体名＿＿＿＿

上映月日＿＿＿＿

上映場所＿＿＿＿

観覧者数＿＿＿＿　成人＿＿＿＿　学生生徒＿＿＿＿

3. フィルムの状態

受領した時＿＿＿＿　返した時＿＿＿＿

4. 上映後映写機およびフィルムについて修繕の必要な箇所があったか

（映写機の取換部品およびフィルムの損傷を表にして記入する）

映写技術者の署名＿＿＿＿

免許証番号＿＿＿＿

団体代表者名＿＿＿＿

5. ブック・モビル

最後にブック・モビルの問題を取り上げなければならない。ブック・モビルによる閲覧統計は、巡回文庫貸出文庫と異質のものである。もっとも巡回文庫の一種としてのブック・モビルを考えるのであれば、その閲覧統計は巡回文庫と同様の方法によればよいわけであるが、私見によれば巡回文庫はあくまでも貸出文庫の方式の一種であって、図書の配布を一箇所に固定して借貸することをやめ、数箇所を転々と順次回送する移動式貸出文庫であると解釈している。しかるにブック・モビルは、巡回する点においては巡回文庫と同じであるが、巡回文庫のように巡回箇所に集団的に図書を配布して回るのではなく、貸出するにしても飽くまで個人単位である点に巡回文庫と異なった性格を持つ。更に巡回文庫と異なる点は巡回に際して、巡回場所において個人を対象とする閲覧を許す点にある。ブック・モビルの外側に開架式閲覧設備を設けるか、ブック・モビルの内部に開架式閲覧設備を設ける。これはあたかも図書館そのものの出張であり移動である。文字通り移動図書館である。したがってその閲覧統計は普通の図書館と何ら異なるところがない。ブック・モビルの停車中行われた閲覧に関する統計は館内閲覧統計に該当し、停車中家へ持ち帰ることを許された貸出の統計は館外貸出統計にあたる。これらの閲覧統計様式は本章の第3節および第5節と同じものを採用すればよい。このように考えてみると自動車を使用しなくとも、巡回文庫がこのような方式を馬車などで採るならば、その閲覧統計も以上の方法に準じて行えばよいわけである。この際の巡回文庫は実は巡回文庫という名称を止めて、馬車による移動図書館といった方が正しいであろう。なお海浜文庫・青空文庫・山岳文庫の閲覧統計はすべて自動車文庫としてのブック・モビルの場合の閲覧統計に準じて行う。

Ⅵ　利用統計規則案

利用人員または利用点数（冊数）を測る統計様式が決定されても、それらの各項に記入する数値の規準を決めておかないと、同一人が取扱っても記入の日時によってまちまちとなり、また記入する人が替わる度ごとに標準が変わってくると、出て来た統計資料に信頼を持つことが出来なくなるので、計算の規準を与えるために利用統計規則を定める必要がある。それはあたかも図書分類に分類規程があるように、また目録記入に目録規則があるように、図書館統計にも全国的な一定の統計規則を決定しておくことは、決して無意味ではなかろう。そうでないとある図書館で一人と計上するところを他の図書館では二人と計上するようなことがあっては、全国的な一般図書館統計の基礎となることが出来ないからである。

もっとも我が国においては、未だ図書館統計でのこのような規則は決定されてはいないので、以下に掲げる数項は云うまでもなく公式のものではない。しかし過度的なものとして、今後この方面への研究と早急な決定が要望される所以である。

1. 利用統計では、図書館資料の形態が図書・逐次刊行物・特殊資料・視聴覚資料などの形式いかんに拘らず、外形的な個体を単位として一点に計上する。ただし図書・雑誌などは一冊、新聞は一種、標本・模型などは一点、レコードは一枚、フィルムやマイクロ・フィルムなどは一巻というような名称を使用する。

2. 館外貸出の統計では、館外貸出の行われたその日の人員と資料数を計上し、それ以後の延べ人員延べ冊数は一切計上しない。

3. 館外貸出の期間延長に際しては、統計表上に加算しないことを原則とする。もし止むを得ず統計をとる場合は、別個に期間延長の記録による統計表を作製する。

4. 分館・部局・貸出文庫・巡回文庫などの利用統計は、本館から発送した実数のみを普通の利用統計とは別個に作製する。そして分館・部局・貸出文庫先・配本所などでの利用人員や利用点数は、本館の利用統計中に加算せず、それぞれ分館・部局・貸出文庫先・配本所などで別個の統計表を作製する。

5. 団体や集団による利用もまた、一般統計中に加算せず、団体利用の統計を別個に作製する。

6. 統計表中に実人員と延べ人員を明確に区別し、学校図書館や議会図書館などでは在籍者数や在職議員数に対する百分比を附加する。

7．算術平均は小数以下を四捨五入して整数くらいに止める。百分率も同じ方法を採る。ただし特別の場合は小数第一位まで採ることが出来る。後者の場合は千分率‰パー・ミリを使用することによって整数くらいに止めることも出来る。

8．統計表中、前年または前月分と比較して減数の場合は数字の右頭に小さな三角形の印をつける。

9．統計数字に大きな異状のある時は、その原因を備考として附記する。

第6章　経営に関する統計

I　経営統計の意義

最近統計的な研究の重要性が一般に著しく認識され、学問の研究にも産業の合理化にも大なり小なり何らかの実証的根拠を示すことが必要とされるようになり、昔のように単なる抽象的な議論ではもはや充分に満足されなくなって来た。今日企業において確実な経営政策を樹《た》てようとするには、原価、生産、市場、消費などの状態を計数的に明らかにすることが必要とされるように、図書館現象もあらゆる角度から計数的に明らかにしなければ、到底近代的な図書館経営をすることは出来るものではない。

ところが経営統計という言葉が、どうしても産業界の経営統計のような利潤追求の匂いを持っているために、図書館活動とは無縁なものと考えられ、したがってまた図書館統計と云えばいつも一般的な蔵書統計や閲覧統計ばかりが考えられ、図書館の経営統計は兎角軽視されがちであった。もっとも蔵書統計や閲覧統計などの従来からの図書館統計が、経営統計とは無関係であったというのではない。ただ従来の蔵書統計や閲覧統計が報告のための統計である場合に限り経営統計とは無縁のものであった。しかし第1章第1節で述べたように、利用のための統計として広く図書館経営の実際に役立ち利用されるならば、それらもまた経営統計に入れることが出来るわけである。

したがって経営統計という実態が別に存在するのではなく、図書館経営に利用されるあらゆる図書館統計は総べて図書館の経営統計であるとも云える。このような意味からして第1章以下に述べて来たところの諸統計は、広義においては総べてが図書館の経営統計である。たとい一館図書館統計としては何らの統計的な意味を持たない統計資料であっても、第1章第3節の初めに述べたように、全国的な一般図書館統計として優に統計的意義を発見し得るものはまた、皆経営統計の一種に数えあげることが出来る。従来はあまりにも、図書館統計の対象である大量の存在場所を、一館的な場所に限定し過ぎた嫌いがあった。

このような図書館の経営統計では、したがってその対象もまた一律に論ずることは出来ない。すなわち甲の図書館と乙の図書館とがいつも同じ事柄について調査するとは決まっていない。経営統計を実施しようとする当事者にとって、これは調査する必要があると思うものは調査するであろうし、不必要と思った場合は調査しないであろう。また必要性を充分に感じているものであっても、経費や労力や時間の関係上思いとどまることもあり得る。この点は蔵書統計や閲覧統計とその性格を異にする。すなわち蔵書統計や閲覧統計は図書館としては中止することの出来ない性質のものである。

図書館の経営統計の持つ特殊性は、以上述べたように各図書館自身の必要性によってその対象が異なるものであるとともに、図書館現象のあらゆる分野を対象とするものである。いやしくも図書館経営について少々なりとも関連性を持つと思われるものは、総べて経営統計の対象となり得る。したがって図書館の経営統計の対象となる分野は、図書館統計中最も広範囲のものであり、またその方法も統計的方法の他に、計測的方法も含まれる。すなわち測量測定検査などのあらゆる方法が含まれる。

例えば館外貸出の延滞料金徴収簿というような簿記的計録組織から統計資料を求める時、その簿記的計録組織は一学期間とか一箇年間とかの時間的束縛を受けたり、甲の図書館または乙の図書館というように空間的な制限を受けたりするが、経営統計では統計調査者自身の意図によって、いくらでもそれらの束縛から超越して企画し実施することが出来、決して一学期間とか一箇年間とかの時間的制約や、甲の図書館とか乙の図書館というような特定の空間的制限を受けずに合算または分割して計算することが出来る。

また経営統計では図書館現象の限界内だけの事柄に拘泥する事なく、図書館を囲むあらゆる外界の事象にまで及ぶことが出来、例えば図書館利用と気温との関係とか、俸給額と図書館員の健康とかの関係にまでも関連を持つことが出来る。図書館利用と気温の関連性などはどうであろうか。実地に調査してみなければ何とも云えない。これについては『図書館雑誌』昭和二十七年二月号に、服部《はっとり》金《きん》太郎《たろう》氏の「図書館はどのように利用されるか」というアメリカ図書館界の紹介文が参考になると思う。その文中の「図書館利用の季節的変動」の中に、「公共図書館の本の貸出は季節的に変動すること。三月と十～十一月にかけて頂点に達し、十二月と夏季に底をつくということ。この変動は貸出される本の種類にも関係している。すなわち専門書よりも小説の方が遥かに学校の休みである夏季には借りられるということ。また貸出が多くなればなるほど、一層専門書が貸出される云々」。兎に角人間現象の最も偶発的事項と思われていた火災が、湿度と関係があったり、自殺は最も自由意志に基づく人間行為だと思われるのに、年々の自殺の率が一定していたりすることを発見出来たのは、総べて統計の賜である。このように経営統計は図書館を囲むあらゆる外界の事象にまで及ぶことの出来るものである。かくて図書館の経営統計は、人事百般、政治・経済・外交・産業・教育・宗教などあらゆるものを対象とすることが出来る。この点はおそらく今までの図書館統計の思いも及ばなかった点で、今後の図書館統計の伸びゆくべき新しい方向であろう。

　本章においては資料統計や利用統計などの一般的な図書館統計を省略して、専ら狭義の経営統計に属するものを取りあげることとした。この意味から図書館の経営統計を分かって（1）能率に関係のあるもの（2）利用に関係のあるもの（3）経費に関係のあるものの三種とし、逐次解説することにした。

Ⅱ　能率に関係のある統計

終戦後社会のあらゆる方面で、一方では労務者の待遇改善や地位の向上のため八時間労働とか賃銀のベース・アップとか退職金制度の確立などとかが喧しく論じられるとともに、他方では業務の能率を最も効果的にあげるために企業経営の科学的合理化が叫ばれるようになった。このような情勢下にあって図書館界でも、図書館経営の科学的合理化が主張されるようになり、どうすれば最小の努力で最大の効果があげ得るかについて、真面目に検討論議される時代となった。これは偏えに最も非生産的だと考えられる図書館が、いつも経費節減の対象とされ、最小限の経費と人員としか割り当てられなかった状態を打開するための抗議的手段でもあった。

しかし図書館での能率測定の問題は、他の会社や工場での能率測定のように、そんなに簡単に測定出来得るものではなくて、極めて困難な事情におかれている。すなわち

1. 図書館での能率測定は個々人の能力を査定することが目的ではなく、専ら図書館全体の総合的な見地からの測定であるにも拘らず、あたかも個々人の能力の優劣を査定するものであるかの如く受けとられて、充分な測定結果を得られ難い事情にある。

2. 図書館業務そのものが極めて複雑多岐であって、その上専門的知識を要するものであるために、測定の趣旨の徹底が期待し得ないばかりか、測定方法そのものが簡単に決

定し得ない事情にある。したがって長期に亘る目録作業の測定などでは、なかなか初期の目的が達せられず、折角着手実行した事柄も中途から質的な変化が生じ易い。

3. 図書館事務の統計的数字化もまた困難である。例えば比較的に算定のし易いと思われる分類作業でも、一日に僅か二冊とか三冊とかの数字で表現しなければならない場合がある。このような場合は分類作業が最も困難を極めている場合で、その苦労は平日の幾倍にも相当するものであるに拘らず、測定数字の面では僅かに二冊とか三冊とかの表現をとるために、いかにも分類作業で手を抜いているように見做され易く、測定数字と作業の難易度が正反対に表現されることとなる。

4. 図書館の仕事は複雑な仕事であるために、同じく目録作業と云っても一つ一つの場合がいつも同じ状態であるということが出来ない。洋書と和漢書とでは相違し、同じく和漢書と云っても単行本と叢書とでは異なるし、単行本でも内容の単純なものと複雑なものとでは異なってくる。したがって、たとい一定の数字化が出来たとしても他の場合に当て嵌めることは不可能である。したがってこの場合の測定数には何らの普遍性も認められない。云い換えると図書館での能率測定はその図書館員個人の知識技能と、測定対象の特殊性に支配される。したがって会社や工場での場合のような普遍的な資料としては成り立ち難い。

5. 図書館業務は流れ作業の一箇所で精密度を欠いた時、他の箇所での運転に甚大な影

たとしても、正しいローマナイズがなされていない以上、正しい排列は行われ得ない。この場合ローマナイズのスピード化は却って好ましくないばかりでなく、却ってスピード化は阻止されなければならないこととなる。

響を与える。例えばカード排列のためのローマナイズがどれほどスピーディになされ

6. 大図書館では比較的分業制度になっているから、仕事の内容別ごとに能率測定も可能だと思われるが、小図書館では小人数で何もかもしなければならないため、能率測定を実施することが困難である。しかも小人数の図書館ほど能率測定の必要性が大きいのではあるまいか。すなわち測定結果に基づく増員要求は小人数の図書館ほど烈しい。しかるに実際は測定を実施する時間と労力に恵まれていないため、能率測定の参考資料は多人数の大図書館の測定結果に頼らなければならない結果となる。これは一種の矛盾である。殊に図書館員の中には老練な人もあり未熟な人もあるから、司書一人出納手三人の甲図書館と、司書四人の乙図書館と較べて、どちらが人員においてよく整っているかは簡単には断定を下せない。上の例では乙図書館の方が優れているようであるけれども、必ずしもそうではない。甲図書館の一人の司書はよく乙図書館の四人よりも優れていることもあり得る。このように小図書館での能率測定は、大図書館での能率測定よりも困難な事情にある。

以上は図書館の能率測定が色々の事情に左右されて極めて困難な仕事であることを解説した

のであるが、今までこの種の能率測定について、科学的に研究されたものは見当たらない。したがって以下に掲げる数種の例も断片的なものに過ぎない。

『びぶろす』第1巻第5号（一九五〇年八月刊）には「図書整理の能率」と題して、植村長《うえまつちょう》三郎《さぶろう》氏が次のような数字をあげている。

一冊の能率

基本カード（調査およびローマナイズなど）	24分
分類決定	7分
件名の選定および書込	9・6分
書架目録およびラベリング	6分
計	46・6分

アメリカの例では

一冊に45・5分　新着書

一冊に20分　複本として追蔵される場合

また米国図書館作業基準によると、捺印・原簿記入・分類番号決定・ラベル貼附・書架配列の仕事を一人でするとして、

1．人口三五、〇〇〇～二〇〇、〇〇〇、蔵書七〇、〇〇〇～三〇〇、〇〇〇の中図書館では

正本一冊45分、複本22分

2. 人口五〇〇、〇〇〇以上、蔵書七五〇、〇〇〇以上の大図書館では、目録の種類も多く、

正本一冊105分、複本18分

更に昭和二十四年十月の国立国会図書館支部図書館部の「地方議会図書館設置要領（案）」によると、「図書資料の整理と利用に関連する若干の参考数字」として、次のように記されている。

整理能率（受入より排列までの一連の作業）

一日一人平均一〇冊　年間三、〇〇〇冊

（ただし専門家の場合）

以上は能率に関係あるものとして、大なり小なり参考になるものと思う。能率に関する測定または統計として考えられるものは、上記の他に次のようなものをあげることが出来る。

1. 註文カードの整理　　2. 註文リストの作製
3. 図書の検収　　4. 逐次刊行物の受入
5. 図書の受入作業　　6. 登　録
7. 図書の分類（和漢書・洋書別）　　8. 件名標目と参照の決定
9. 図書記号の決定　　10. 受入カードの作製
11. 副出・参照カードの作製　　12. 各種カードの繰り込み
13. 簡易な製本と修理　　14. クリッピングの貼り込み

15. 製本事務　　16. 図書の貸出事務
17. 購入図書の支払事務
18. その他機械的な事務（見出カード作製・ラベリング・タイプライティング・統計表作製・目録訂正など）

なお次の諸項は能率と関連をもつ諸統計である。

1. 俸給と栄養との相関々係調査
2. 出納関係者のエネルギー消耗調査
3. 職種と勤務年限調査
4. 職種と疲労の関係調査
5. 職場と通勤距離との関係調査
6. 労働組合関係の諸調査
7. 図書館員の家庭環境調査

最後に職場管理を能率的にするためには、肉体的な疲労度の問題の他に、心理学的な観点から、いわゆる働く者の苦情処理を行わなければならない場合が多い。殊に図書館というような頭脳的精神労働の職場としては、特にこの問題を取り上げなければならないであろう。図書館における苦情を箇条書にあげてみると、次のようなものがある。

1. 同じ仕事をしているのに、他の人に較べて自分だけ給料が安い。

2. 給料計算が間違っていて、税金を余分にとられ過ぎたり号俸に合っていなかったりしている。
3. 館長や事務長が依怙贔屓《えこひいき》して不愉快である。
4. 館長や事務長に能力がなくて指導出来なかったり、逆に細か過ぎる点まで干渉し過ぎる。
5. 能力を考えずにつまらない仕事に廻わされたり、嫌な仕事をさせられる。
6. よく私用にこき使われる。
7. 館員のための厚生施設としての諸設備が悪い。

これらの点を数字化するため個人調査することは、図書館経営を能率化する上において反省資料を得る一つの方法である。もっとも管理者とか経営者とか図書館幹部の立場からもまた、異なった立場からの苦情があるだろう。例えば図書館学的な深い研究もなくて、図書館の分類組織や目録組織を独断で変更し、そのため事務組織の体系を破壊したり、不平や不満や文句ばかり並べて仕事に励まなかったり、風紀を紊《みだ》して図書館奉仕が出来なかったりする者もある。これらの事柄はもちろん数字化することは非常に困難であるし、また数字化しても根本的解決をもたらすものではないが、功果表として評価することも無駄ではないと思う。以上は人間心理の微妙な点に亘る事柄で今後開拓されるべき分野であろう。教育評価の中の児童理解の方法に準じた方式が考えられなければならない。

Ⅲ　利用に関係のある統計

〔Ⅰ〕読書調査の意義

図書館員はいかにすれば図書館資料の利用度が増加するかについて、絶えず関心を払わなければならない。それには一方においては分類組織や目録組織や弘報宣伝組織などの充実を期するとともに、他方においては絶えず図書館資料の利用について現実を直視し、ありのままの利用状態を数字の上から眺めなければならない。その方法としては日々の利用統計を作製して現状に対する認識を深めることを必要とする場合と、特別の目的を設けて調査することを必要とする場合とがある。特別の目的を設けて調査する場合には、現在図書館を利用しつつある利用者を対象とする場合と、広く現在の利用者以外の人々を対象とする場合とが考えられる。

そこで図書館を利用する人々を対象とするにせよ、また図書館を利用しない人々を対象とするにせよ、図書館員として知りたいことは、彼らがいかなる読書生活を営んでいるか、また読書に関してはいかなる行動をとっているか、更に彼らの読書環境はいかなるものであるかなどの実情に関してである。このようにして知られた彼らの読書生活を充分に理解して、彼らの読書環境と読書生活に対して、図書館活動の面からいかにして協力すべきかの方法を考えることが大切である。このような事柄の調査を読書調査という。

読書調査は読書活動のいかなる方面を調査するかによって、(1)読書の実態調査(2)読書態度の調査(3)読書環境の調査となる。

しかしこれらの調査は普通一括して実施することが便利である。したがって読書調査の内容を項目別にあげてみると次のようになる。

1. 読書量(図書・雑誌・新聞別)
2. 読書目的(修養・学術・調査・娯楽別)
3. 読書傾向(同右および分類別または学科別)
4. 読書時(朝・昼・晩または登校前とか放課後とか)
5. 読書時間(一日に平均何時間とか何分間とか)
6. 読書場所(図書館でとか、家庭でとか、通勤電車中でとか)
7. 選本過程(父母・教師・友人・先輩・広告・推薦図書など)
8. 入手経路(購入・貰物・借り物など、借り先は友人・知人・図書館などの別)
9. 読書感想(著者に対して・内容に対して・他書との関係など)
10. 希望図書(図書館に対して)
11. 図書費(図書・雑誌・新聞別)
12. 購入図書量(図書・雑誌・新聞別)
13. 蔵書量(図書・雑誌別と個人蔵書・家庭蔵書の別)

14．蔵書種類（分類別・学科別など）
15．蔵書の質（教養・娯楽・学術、和漢書洋書などの別）
16．蔵書の整理（分類しているか・目録を作っているかなど）
17．読書環境（書斎の有無、家族の読書に対する態度、学校図書館・公共図書館・公民館図書室に対する図書館意識、その他附近に書店の有無など）
18．図書館の利用状況（回数・冊数・種類など）
19．図書館に対する希望（館員の態度への希望、施設に対する希望、資料に対する希望、読書会講演会などへの希望など）
20．その他読書調査としての必要事項

以上は項目別に一応羅列してみたのではあるが、登館者を対象とする場合と非登館者を対象とする場合とでは、勢い質問の内容も替えなければならない。具体的な設問については省略して、読書調査について注意しなければならない諸点について、解説を施してみよう。

〔II〕読書調査の留意点

第１　利用可能者

日頃から多忙に暮している大多数の人々は、どんなに読書に対する希望や意欲があっても、図書館にまで出掛けて行って読書をしようなどということは出来るものではない。せいぜい家庭において余暇を見付けて読書するくらいが関の山である。殊に家庭の主婦ともなると、一般に読書に対する興味も少なく且つ余暇のないのが普通である。したがって図書館に登館した人々だけを対象とした読書調査や、日々の閲覧統計だけでは、図書館所在地の地域社会全般についての読書生活の実態を把握することは不可能である。この意味から云って、登館者ばかりを調査対象とせず、一般家庭の読書生活の実情を調査し得るように工夫しなければならない。これは現在図書館を利用している者だけを調査するのではなく、今後何らかの機縁によって、図書館を利用するであろうところの人々をも対象として調査するという意味である。云い換えると現在または過去において図書館を利用しまたは利用したところの人々を対象とするばかりでなく、将来図書館を利用するであろうところの図書館利用の可能者をも対象とするという意味である。この意味では閲覧統計が現在の図書館利用者の現在統計であるのに対して、非登館者を対象とする読書調査は将来の図書館利用者の未来統計であり、また図書館利用可能者の潜在者統計であるとも云える。

第2　自計主義と他計主義

調査の方法には自計主義と他計主義との二方法がある。自計主義というのは被調査者本人に記入申告させる直接記入の方式であり、他計主義というのは調査委員を設けて調査事項を聴取しながら記入する間接記入の方法である。一般に調査事項が簡単で被調査者に理解し易い事柄であれば自計主義によって調査し、程度の高い内容をもつ調査事項である時は、よく訓練された調査委員を使用して調査する他計主義がよい。図書館の読書調査では、特別の場合を除く外は自計主義で充分である。もっとも地域社会の教養の程度が低かったり、精密なサンプリング（標本調査）を行う場合は、他計主義で実施しないと誤差が大きくなるであろう。

自計主義では被調査者自身に直接記入させるのであるから、指定した用語で記入させるか、事実ありのままを記入させるように出来るだけ複雑にならないように注意するとともに被調査者が調査目的に協力し、拒否的な態度を持たないよう気をつけなければならない。したがって質問条項は出来るだけ被調査者の感情を害しないよう、また被調査者の利益と衝突することのないよう、更に調査事項が充分理解されて決して誤解の生じないよう計画しなければならない。

他計主義においても慎重な準備と態度が望ましい。その中でも一番大事なことは調査委員の資格と教養である。調査委員の教養・統計的技能・健康・忠実篤行などの徳性・信望などは、調査結果の正確さに重大な関連性を持つ。もし調査委員に統計的教養が無く統計調査への真面目さを欠くならば、被調査者に悪感情を抱かせることにもなり、統計調査の所期《しょき》の目的を達することは出来なくなる。殊に自計主義の場合の指定申告や事実申告と違って、誘導的順序による誘導申告の形式を採らねばならない場合もあるから、特に注意を要するであろう。

第３　調査方法

調査対象の選び方については悉皆調査法《しっかいちょうさほう》と標本調査法と典型調査法の三種がある。

悉皆調査法というのは、調査対象となる集団の全部を残りなく観察して統計をとる完全調査の方法で、全部調査または全数調査とも云い、古い統計調査の本道である大量観察法がこれに該当する。しかし図書館所在地の読書調査では、事情さえ許せば全部調査をすることが理想であっても、多くの経費と労力と時間などを要するから悉皆調査の実施は困難である。そこで調査は集団の全部に及ぼすことをやめて、勢いその一部分だけの調査に限定し、その結果に基づいて全体を推測するという一部調査または部分調査が実用的だと云える。この一部調査に標本調査と典型調査の二方法がある。

標本調査法は前述のように一部調査の一方法である。新聞の与論調査などで実行されている方法で、母集団が極めて大数である時、調査度数を確率論によって出来るだけ節約しようとする方法である。この方法の特徴は、母集団から極めて無作為に、少しも人間の恣意を加えず標本（サンプル）を抽出するにある。近々三十年来急速に進歩したこの方法は、あらかじめ誤差の縮小を計算することが出来て、極めて実用的になって来た。ただ代数の公式のように簡単に操作出来ないため、専門家以外には手が出せないことは、推計学の権威者増山《ますやま》元三郎《もとさぶろう》氏著『推計学の話』の序文にある竹トンボとB29の比喩の示す通りである。典型調査法もまた一部調査の一方法である。標本調査法が標本（サンプル）として一部分を母集団から取り出すのに対し、典型調査は典型（タイプ）として取出し全体を推知しようとするのである。標本調査法が無作為抽出であるのに対し、典型調査法は母集団を代表する選出部分をあらかじめ計画的意図的に予定する。前者は偶然に委ねるのに対し後者は偶然を排斥して計画的である。

第４　調査の時期

読書調査の時期は、一番読書に好適の十月か十一月のいわゆる読書週間前後を選ぶのがよい。それは「灯火親しむの候」として、読書に対する人々の熱意が最も正常な時期であるからである。国勢調査が十年毎の十月一日午前零時を期して行われるのも、一番この時に国内人口の変動が少なく、正常の状態にあると見做されるからで、すべて統計調査は正常時に実施することを原則とする。

しかしまた、最も変化の少ない時期を選ぶことばかりがよいというのでもない。最も変化の少ない正常時に対して、最も変化の多い異常時を選ぶことも意義がある。また正常異常中程度の場合を選んで、正常時異常時と比較することもよい。要はこのような統計調査は一回限りで終わるべきものではなく、絶えず周期的に継続して実施することが望ましく、あるがままの状態の推移や変化を比較対照して、その過程を知ることが必要である。このような連続的周期的調査の間に、変化の状態と傾向が察知され、且つ将来の予測と対策に対する計画が見出される。

第５　調査票

調査技術の根本的基礎は、単位を正確に数えあげるということにある。だから統計調査者は調査の対象となる調査客体について、被調査者に完全な理解をさせるよう万全の準備をするとともに、他方ではこの目的を達するものは調査票であるから、調査票の設計・送達・記入・整理・運用の総べての過程に充分の注意を払わなければならない。調査票の具えなければならない内容を形式的に分けると、次のようになる。

1. 調査者に関する事項

2. 被調査者に対する事項

B. 調査事項

A. 注意事項

まず（1）に関する事項としては、調査票の番号、調査区域名、または調査区域番号、調査担当実務者、調査関係者または調査機関名である。（2）に関する事項としては、被調査者自らが直接記入する自計主義と調査員が被調査者の口頭で答えた事柄を記入する間接的な他計主義とがあることは前述した通りであるが、自計他計のいずれにしても、申告すべき調査事項と調査目的を充分理解させるとともに、出来るだけ誤解を防ぎ正確に申告の出来るよう注意事項を附記しなければならない。そのために調査趣旨と調査事項と記載事項などは、出来るだけ簡単明瞭にすることが望ましい。

第6　質問法

質問は出来るだけ簡単明瞭を旨とし、少聞多知を根本原則とする。云うまでもなく質問の不明瞭は回答の不正確を来し、したがって調査結果の不確実を招く。そこでこの難点を避けるためには、次の諸項に注意しなければならない。

1. 標識は多すぎないこと

2. 主観的な判断に訴える事柄は避けること
3. 過去の記憶による回答は過誤を伴うから避けること
4. 特別の労作を必要とするものは、よい加減な回答となり易いから避けること
5. 原因や動機に関する質問は、答える人の意味の取り方によって異なってくるから避けること
6. 回答を忌避するおそれのある質問、例えば社会的道徳的な評価は避けること
7. 標識の観念を正確にし、質問の要素が曖昧にならないよう詳細な定義をつけること
8. 回答は出来る限りチェック式を採用すること

このように質問事項について充分な考慮が払われていても、なおかつ色々の障害が各種の方面から生じて来る。被調査者側から生ずるものとしては（1）無智によるもの（2）怠惰によるもの（3）悪意によるもの（4）不信によるものなどが考えられる。それらについてはそれぞれ対策を講ずるとともに、他面には調査員を指導訓練して調査目的に合致するよう行動させる必要がある。また調査員と被調査者との円満を期するため宣伝工作を事前に行い、地方公共団体や学校または保護者と連絡の上、遺漏《いろう》のないよう計画しなければならない。

第7　調査事項

読書調査の調査事項は次のようなものがある。

1. 職　業

職業区分は国勢調査における職業区分を準用すればよいが、図書館的な分類区分としてはこのような繁雑なものよりもむしろ、経済的条件から来る読書時間と教養による区分を基準にする方がよい。

A. 俸給生活者　　B. 労務者
C. 雑業者（医師・宗教家など）　　D. 農業林業牧畜業者
E. 水産業者　　F. 商工業者
G. 家庭婦人（未婚者を含む）　　H. 学　生
I. 生徒・児童
J. その他

2. 年齢・性別・学歴・既婚未婚

婦人は男子よりも年齢については敏感である。ここでもまたチェック式を採用する。そのチェック式もまた端的にその年齢を指示させることをしないで、例えば、十～十五才。十六～二十才。二十～二十五才……などの方法を採る。性別は男・女と示して丸をつけさせ、学歴は小卒、新中卒、新高卒、旧中卒、旧高専卒、短大卒、新大卒、旧大卒、不就学などの項目を列記して丸でかこませる。既婚未婚の別も同様の方法を採る。

3．住　所

住所は特別に番地までも要求する必要はない。例えば京都府立図書館の読書調査を行う場合は、京都市の住民に対しては上京区、中京区、下京区、左京区、右京区、東山区、伏見区などがわかればよいのであり、京都府下の住民に対しては久世郡、乙訓郡、宇治市などの区別が判明すればよい。したがってこれらの区や郡がわかるように列記してチェック式を採用する。なお出来れば各人の家から図書館までの距離がわかるように、あるいは図書館までの時間がわかるようにそれぞれ工夫をする。

4．勤務先または学校名

この項目は必ずしも調査しなければならないというわけのものではない。殊に広地域での読書調査ではほとんど不必要である。ただ地方の小都市や町村などで附近に工場の二つか三つがあったり、小中学校や高等学校がある場合、どこの工場の人々がどのくらいその図書館を利用しているかとか、どの学校の生徒がどれくらいその図書館を利用しているかということを知る必要が考えられるので、あらかじめチェック式の質問項目を準備しておくことが、その図書館の経営の参考になるという程度のものである。

5．登館動機（絶えず登館するものを対象とする）

A．学術研究のため　　B．調査のため
C．教養のため　　D．慰安娯楽のため

E．学業補習のため　　　　　　　　F．その他職業参考のため

G．何とはなしに

この調査項目は主に図書館における入館者の読書調査のための項目で、地域社会の読書調査では、次項（6）の不登館理由と合わせて質問方法を考えなければならない。

6．不登館理由（ほとんど図書館を利用しない者を対象とする）

A．読書対象がない　　　　B．距離が遠すぎる

C．時間がない　　　　　　D．近より難い

E．関心がない　　　　　　F．サービスが悪い

G．その他図書館のあることを知らないとか、図書館についての知識がないとか

この調査は（5）の項目とは反対に、主に地域社会の読書調査で図書館を利用したことのない人々を対象とする。この調査によって図書館の対外活動の示唆や、サービス改善の暗示や館外貸出の拡張、ブック・モビル、または図書貸出に貸出文庫などの拡充資料が得られる。

7．読書量・読書内容

読書するものが何%で、読書しない者は何%、読書するものは一箇月間に何冊くらい読むかを調査する。この調査は集計の後、性別・年齢別・学歴別・既婚未婚別・職業別などの標識によって比較する。もちろんこの読書量は図書・新聞・雑誌別にそれぞれ適当な文句で質問しなければならない。この調査は登館者の調査にも地域社会の調査にも行われる。

なお、ただ読むか読まないかを調べる場合と、毎日読むか時々読むかなどの読みの程度を調べる場合と、自然科学書を読むか文芸書を読むかなどの読物の内容を調べる場合と、読んだもののについての興味の焦点や感想や感銘度を調べる場合との質問法は、それぞれ調査目的に応じて適当に考えなければならない。その詳細についてはここには省略したい。

8. 読書目的・読書傾向

読書目的はいかなる目的で読書するかの読書原因や読書動機を調査するもので、図書・雑誌・新聞別に実施する。ところが人間はいつでも、同一目的や同一動機で読書するものではない。したがって読書目的の調査は図書に限っては、その日の登館者の登館目的と一致する。これは（5）の登録動機と重複するものである。だから地域社会を対象とする読書調査での読書目的の調査は、専ら読書傾向の調査ということになる。もっともこのように考えてみても、登館者の読書目的が読書傾向の調査にはならないというわけのものではない。登館者個人について云えば、登館動機とその日の読書目的が一致するとしても、登館者全体について云えば全員が同一目的を持つことはあり得ないのであるから、登館者全体のその日の読書傾向の調査として意義をもつものである。

そこで地城社会の読書調査での読書傾向の調査は、前記の登館者を対象とする場合と趣きを異にしなければならない。例えば「貴方は日頃から次のどの項目を主にして読書して居られますか」というような質問のもとに、学術研究・調査・教養・娯楽・学業補習・無計画・その他などの項目を列記し、それらの項目に1・2・3……の序列をつけさせる。もしほとんど読書しない人があれば、時間がない・費用がない・図書館利用の便宜がない・面倒くさいなどの項目をあげてチェックさせる。

あるいはまた、(7)の読書量や読書内容と(12)の希望図書と関連させて、「最近面白く読みまたは有益に思った図書」をあげさせて現在の読書興味を知ったり、「読みたいと思う図書」をあげさせて思想の動向を窺うこととする。これらはやがて図書館の選書方針の参考に資せられる。

更に細かい調査としては、例えば現代文学を細かく分類別して、小説・戯曲・通俗小説・大衆小説・探偵小説・随筆・詩・短歌・俳句・研究・評論などに分けて、序列を数字で記入させることも一方法である。

また雑誌記事のうち、どのようなものに興味をもつかを調査するのも興味あることである。これは雑誌の希望調査にもなる。

1. 論説、時事問題に関する記事
2. 文芸に関する記事(小説・詩歌・俳句・短歌・講談など)
3. 訪問記、告白記、実話に関する記事
4. 生理、保健、衛生記事
5. 料理、裁縫、その他実用記事

6. 映画、演劇、音楽、その他娯楽記事
7. 職業、技術
8. 宗教、修養、偉人伝、立志伝
9. 科学に関する記事
10. 家庭経済に関する記事、利殖に関する記事
11. 美容、服装に関する記事
12. 手相、人相、運勢、八掛に関する記事

また新聞記事のうち、どのようなものに興味を持つかを調査することも意義があろう。

A. 社説や論説　　B. 政治面（政治、外交、軍事）
C. 社会面（三面記事）　　D. 経済面（貿易、株式など）
E. 家庭欄（相談欄、投書欄）
F. 娯楽欄（映画、演劇、音楽、寄席、漫画など）
G. 学芸欄（宗教、科学、小説、随筆、講談など）
H. 天声人語類や広告など

9. 読書の時所

いつどこで何時間ほど読書するかの調査である。この調査もまた図書・雑誌・新聞別に実施する。

読書時の調査は学生生徒児童の場合は、登校前・休憩時・昼食時・放課後・帰宅後・夕食前・夕食後・就寝前などの項目となるし、成人の場合は、出勤前・出動車中・昼食時・帰途車中・夕食後・就寝前あるいは日曜祝日だけなどの項目となる。読書時間の調査は一日に平均何時間とか何分間とかの質問項目となり、読書場所は家庭・通勤車中・図書館などの区別になる。これらの調査の中一番主目的となるものは、読書時間の有無とその時間数であるが、適確に知ることは困難である。それは日々の生活が、時間割を組むように生活されていないからである。したがって質問の方法もある日の一日と限定して、一日の全生活記録を時間的に調査しないと、記憶や勘による読書時間と実際の読書時間とは喰い違って来る。

10. 選本過程

図書の購入に当たっていかなる方法によったかの調査で、他人の推薦・書評・広告・店頭などの種別を調べる。他人の推薦の内訳は父母・教師・友人・先輩などのアドバイスのいずれによったかを調べる。これを調査することによって、各人の選書が全体としてどんな傾向を示すかがわかる。

11. 図書の入手経路

個人の読書は、図書にしても雑誌にしても必ずしも購入によるものばかりとは限らない。それで購入・借用・貰い物・家の所蔵本などの区別を調査すると同時に、借用の場合は借り先として、友人・知人・学校図書館・公共図書館などの区別を調査する。学校図書館では特に友達間の貸借について調査し、(7)の読書量と(8)の読書目的、特に読書内容と関連させて考察することが必要であろう。

12. 希望図書

入手経路と関連した問題として、図書館の蔵書構成への参考資料として、図書館に備え付けを希望する図書を調査する。この調査は云うまでもなく登館者を対象とする読書調査に限るもので、非登館者を対象とする場合には調査することは不可能である。

いかなる種類の図書・雑誌・新聞を要求しているか。何故今まで読むことが出来なかったか。何故読みたく思うのか。これらは個人の図書入手の隘路《あいろ》の調査にもなる。この希望図書の調査はこのような読書調査の方法による以外に、読書会・輪読会・読書クラブ・貸出文庫の団体の会合の席などで意見を述べさせたり、投書箱を設けて希望図書について投書させたり、出納台に希望図書申込用紙を備えつけておいて随時申し出させたりして知る方法もある。端的には希望図書の著者・書名・発行所・発行年・定価などを記入させるのであるが、集計に当たっては NDCの分類別か、(7)読書量のところで述べたような大件名によって分類して、図書館利用者の希望図書の傾向を知ることが大切である。これはやがて図書館の選書の方針に大きな参考資料となるものである。

13. 図書費・購入図書量

図書・雑誌・新聞購読などに対する一箇月平均支出額の調査である。これは生活費の調査と同時に実施し、生活費全体に対するパーセンテージを求める方がよい。なお漠然と図書費の総額を問うよりも、明確な回答結果を得るためには最近一カ月間に購入した図書名・雑誌名・新聞名をあげさせて、その価格を記入させた方がよい。このようにすると、同時に購入図書量が明確となる。なお雑誌新聞は月極めか随時購読かの区別を調べる。

14．蔵書量・蔵書種類・蔵書の質・蔵書の整理

個人所蔵または家庭所蔵の図書・雑誌別蔵書冊数およびその種類の調査である。この調査は(15)の読書環境の調査の一部分でもあるが、別個に切離して調査した方がよい。

ＮＤＣによる分類別か大件名別に、その蔵書冊数を和書洋書別に問う。これと同時に廃棄図書の標準を問うてみることも新しい試みであろう。更に個人蔵書でも分類し目録を作っているか。書斎での図書の排列はどうしているかなどを調査してみることも新しい試みとして有効であろう。

15．読書環境

書斎の有無、家族の読書に対する態度、図書館に対する関心度、居住地附近の書店の有無などを調査する。家族の読書に対する態度と本人の図書館に対する関心度については、統計的な数字に表現することは困難である。それは個々の家庭の特殊事情によって同一強度に数字化することが困難であるとともに、図書館に対する関心度も個々人によって差異を明確にすることが困難である。両方とも上中下などの評価基準を設けて、三点二点一点というような配点によ

る評価を採る以外に方法がなかろう。

16．図書館への希望

館員の態度への希望・施設に対する希望・資料に対する希望・開館時間に対する希望・会合に対する希望・その他の希望などの項目を列記して、文章で答えてもらう。答えられた事柄は更に項目別に分けて、数的に分類する。そして経費の許す限りそれらの要求に応えるよう、絶えず改善に工夫しなければならない。

〔Ⅲ〕学校図書館の読書調査

以上（1）から（16）までの読書調査事項は、大体公共図書館や公民館図書室での読書調査の実施項目として説明したものであるが、学校図書館の読書調査としてもほぼ同じものが調査対象となる。しかし公共図書館が主として一般成人をその対象とするのに対して、学校図書館では学校教育そのものが社会教育と異なった性質を持つために、読書調査そのものもまたおのずから方法と取扱い方に違った性格をおびて来る。

すなわち学校教育では一定の年齢に達した児童生徒を学校という特定の場所に収容して、特定の教師によって特定の時間に特別に計画された教案によって教育が実施される。したがって公共図書館の読書調査が、ある時には登館者を対象としてある時には地域社会の人々を対象として実施されるにしても、それぞれの統計調査の実態に対する処置は、専ら図書館側から調査対象に働きかける一方的処置に終始し、その働きかけが奏効《そうこう》するかどうかは、必ずしも学校教育の場合のように顕著な期待を持ち得ない。この場合は専ら図書館利用大衆の自然的自動的働きにのみ左右される結果となる。しかるに学校図書館の場合は、読書調査実施後の活動が、このような働きかけの他に、児童生徒の学習活動の上に、あるいは児童生徒の個性の伸長の上に、児童生徒側からの能動的活動が期待出来る。すなわち図書館教育の教科を組むことによって、あるいは図書館協議会に生徒委員を参加させることによって、あるいはまた図書館事務に参画させるなどの方法によって、児童生徒の内からなる能動的活動が予期出来る。

このような両者の相違は、読書調査項目についてもおのずから大きな相違をもたらし、公共図書館の読書調査が性別・職業・年齢・読書量・蔵書量などの形式的方面の調査に終始するのに対し、学校図書館での読書調査は、更に細密な計画のもとに児童生徒の心情の内面から、児童生徒の日々の生活の内側から、児童生徒をとり囲む環境の内部から深く広く実施されなければならないという結論をもたらすことになる。

それでは学校図書館での読書調査は、児童生徒の何を対象として実施されなければならないか。云うまでもなくそれは、児童生徒の読書生活の全領域を対象とする。ところが児童生徒の読書生活の全領域は、必ずしも学校での読書生活ばかりではない。彼らが学校にある時はそれぞれの教科の教科書を読み、休憩時間には友人から漫画を借りて読むであろうし、家に帰れば父兄や兄姉の蔵書を読むであろう。自分が自分の一存によって、与えられた小遣いを節して書物を購入して読むこともあろうし、近くの公共図書館や公民館図書室に出入りして備え付けの図書を借覧することもあろうし、近隣の書籍店に立ち寄って盗み読みすることも考えられる。このようにして彼らの読書生活は実に広い領域を持っている。学校図書館での読書調査は、このような広い彼らの読書生活の全領域の総べてを全面的に調査して、彼らの全読書生活の面から、正しい指導を行う方法を講じなければならない。そして彼らの読書生活に温かい同情と理解を持つことによってのみ、彼らの明日の生活指導なり学習活動に指導を与え得るのである。

そこで学校図書館での読書調査の分野は次の三つの場合に要約出来る。

1．学校図書館での読書調査では、読書活動のどの方面の調査をするか。これは公共図書館での読書調査の場合と同じ事項として、読書実態調査・読書態度の調査・読書環境の調査などである。

2．学校図書館での読書調査の対象については、児童生徒の個々人について、あるいは特定の学級について、あるいは学校全体について調査する。これは公共図書館の場合と異なる。

学校図書館での読書調査の資料を得る方法については、

A．児童生徒自身から直接得る場合

B．児童生徒の残した読書記録から得る場合

C．児童生徒を囲む父兄保護者家族などから得る場合

D．担任教師の記録から得る場合

E．学校図書館での図書利用から得る場合

これらは公共図書館の場合とややその趣を異にする。

第1　学校図書館での調査方法

1．実験観察による方法

この方法には継続的観察の方法と一時的観察の方法がある。前者は絶えず長時間に亘って児童生徒の読書状況を観察して、観察した事柄については綿密な記録を継続的に記録して行く。しかし長時間のこのような継続的観察は、望ましい事であっても実行不可能であるから、記録を容易にするためのチェック・リストを作製しておいて、一定の時間を限って観察記録する。この場合にはあらかじめ準備しておいた図書を数冊与えて、児童生徒の読書状況を観察する。時には読書する時間や日数を測定する。甲乙二群に児童生徒を分けて、それぞれの条件のもとに両者の差異を測定してもよい。また個人的にも読書能力を測定する。

2．評価質問による方法

数冊の図書を並べておいて好きな順位を、「大好き好き普通嫌い大嫌い」なる尺度を与えて印をつけさせたり、疑問・不思議・興味・感動・嫌悪・ためになるなどの評価をさせたり、（この場合どの本のどの部分と指摘させる）教師の質問に対しチェック式の回答をさせたりする。これはすべて記録されなければならない。また読書態度などについては、読むのが好き・読むのが嫌い・文字を知らない・邪魔くさい・遊びたい・眼がいたくなるなどの項目を並べてチェックさせ、自分の欠点の発見に資するように仕向ける。一冊の図書を読み通したか否か、序文や目次に眼を通したか否かあるいは繰り返し読んだか否かなどの質問にチェックさせることは、間接的な読書態度の指導にもなる。

３．記録による方法

児童生徒の作文や読書日記や自叙伝的な文章から、読書後の感想やメモの有無などの調査資料を得る。

４．面接による方法

児童生徒と直接面接して、色々と話し合いする間に資料を得る。この方法は保護者会や家庭訪問などで父兄や保護者に面接した場合にも採ることの出来る方法である。更に特殊児童については、特にあらゆる角度から読書困難の原因を調査するため、この方法を採ることが望ましい。

以上は学校図書館での読書調査が、公共図書館での読書調査と趣を異にした分野である。したがってまた学校図書館での読書調査は、公共図書館での読書調査には無いところの特殊な調査をも必要とする。

第２　読書指導の調査

１．図書の選択について（選本過程）

Ａ．父のすすめによるか　　　Ｂ．母のすすめによるかなど

2. 購入方法
A. 毎月きめて購入・時々購入・盆正月に購入・報償の意味で購入
B. 父が購入・母が購入・兄姉が購入・その他
C. 購入は先生の指図による・広告による・店頭で決める
3. 父兄の関心度
A. いかなる図書を読ませたいか（例をあげさせる）
B. いかなる図書を読ませたくないか（例をあげさせる）
4. 家庭の読書指導の具体的方法
5. 教師の読書指導に対する調査
A. 教科書以外の図書を授業に利用している場合の例（科目別）
B. 読書指導の具体的方法

第3 図書館の利用状況

この調査はその学校図書館の利用状況でなく、地域社会の読書施設としての公共図書館または公民館図書室の利用状況調査である。この利用調査は特別に実施しなくとも、既に地域社会の公共図書館や公民館図書室の、閲覧統計や利用統計があるではないかと云われるかも知れない。しかしここに調査するところのものは、児童生徒の直接の回答を要求するものである。

1. 学校図書館以外の図書館へ行ったことがあるか

（いつも・時々・たまに・少しもないなど）

2. 公共図書館へは何を読みに行くか

（図書雑誌新聞別・学業補習調査娯楽別など）

3. 公共図書館を利用しない者の理由

4. 公共図書館で困ったことがあればその理由

5. 公共図書館への希望

6. 公共図書館でのその学校の他の児童生徒の態度評価

第４　学校図書館利用について

1. 入館目的

A. 来館目的は　　B. 来館動機は

C. 誰と同伴か　　D. 来館時刻は

2. 図書館での活動

A. 読書図書の種類は　　B. その図書の選本過程は

C. 目録使用の有無　　D. 希望図書の有無

E. 調査事項の種類　　F. 調査後の処理

G. 図書館への希望

3. 退館後の活動

A．調査事項のあと始末

B．あと始末の活動の内容（例えば、再度図書館を訪れる、公共図書館に行く、父兄に聞く、参考書を買うなど）

第5　生活環境の調査

1．家庭の業態調査

（俸給生活・労務・雑業・農牧林・水産・商工・その他）

2．教育的環境調査（保護者両親の教育程度）

（大学卒・旧高専卒・新高旧中卒・その他）

3．家庭家計調査（収入）

（一万円以下・一万円以上・一万五千円以上・二万円以上・二万五千円以上・三万円以上・三万五千円以上・四万円以上）

4．児童生徒の家庭生活調査

A．一日の行事の時間数と読書時間

a．午前（朝の家事手伝・予習復習宿題・読書・ラジオ・新聞など）

b．午後（午後の家事手伝・予習復習宿題・ラジオ・運動・読書など）

c．夜間（夜の家事手伝・予習復習宿題・ラジオ・談らん・読書など）

B．課外の修養（算盤・舞踊・タイプ・洋楽・邦楽・習字・花・茶など）

C. 家事手伝の種類（清掃・割烹・弟妹世話・買物・洗濯・商売・農耕など）
D. 趣味娯楽（ラジオ・レコード・映画・トランプ・絵画・読書など）
E. 好きなラジオ番組（ニュース・演劇・講談・スポーツ・歌謡曲・管弦楽など）
F. 一番欲しいもの（書物・学用品・科学器具・運動具・楽器・玩具など）
G. 家庭での学習（国語・算数・生活・図工・その他）
H. 読書態度（夢中で読む・夜おそくまで読む・時々読む・読まないなど）（机に向かってて読む、寝ころんで読む、物を食べながら読むなど）
I. 児童生徒の読書に父兄が参画するか（積極的・消極的・放任的）（父・母・兄・姉・伯叔父母など）
J. 読書指導の有無（読みきかす・図書を選択する・推薦する・講義する・ノートのとり方を教えるなど）
K. 学校図書館への父兄の希望（図書館資料の種類充実・図書館運営への希望など）

5. 学校図書館所在地の書籍店の調査

A. どんな本が店頭にあるか
B. どんな本がその学校の児童生徒に買われるか
C. どんな本がその学校の学区の父兄に買われるか
D. その学校の児童生徒の購買態度はどうか

E．立読の有無・盗難の有無

第6　図書委員についての調査

1．現委員に対しての調査

A．面白い（仕事が面白い・本が読める・人の役に立つ・図書館の内容がよくわかる・その他）

B．面白くない（仕事が忙しい・邪魔くさい・疲労する・自分の勉強が出来ない・その他）

2．図書委員を続けたいと思うか

A．続けたい（喜びを感じる・仕事が面白い・本が読める・その他）

B．続けたくない（性に合わない・自分の勉強が出来ない）

3．未経験者に対しての調査

A．図書委員になってみたい（面白そうだから・本が読めそうだから・人の役に立つから・図書館の仕事が覚えられるから・その他）

B．図書委員になりたくない（忙しいだろうから・自分の勉強が出来ないだろうから・邪魔くさいから・その他）

4．図書委員をどう思うか（有難い・御苦労だ・いばりすぎる・冷たい・親切だなど）

〔Ⅳ〕その他利用に関係ある統計

以上は利用に関係のある経営統計のうち、主に読書調査に関するものについて述べたのであるが、利用に関係のある経営統計にはなお次のようなものが考えられる。

1．時間別在館者数調査
2．時間別入館者数調査
3．入館者の在館時間調査
4．時間別取扱閲覧者数調査
5．時間別取扱図書冊数調査

閲覧人員と閲覧図書の冊数に関する統計は、どこの図書館でも必ず閲覧票を基にして作製される。しかしそこに現われる数値は日々の閲覧者数や閲覧図書の冊数であって、一日中の変化そのものは表の上には現われて来ない。したがって一日の中で閲覧者および閲覧に供せられた図書の冊数が、どのような傾向を示すかについては、日常の閲覧統計以外に別個の様式による特別の調査がなされる必要がある。そうでないと閲覧者の潮流の干満の状態が明らかにされ得ない。しかも閲覧者および閲覧図書の潮流の干満は、直ちに閲覧座席数の拡充や出納係の人員の配置問題に関係して来る。また公共図書館などでは出改札係の配置や休憩時間に関係して来る。一日中で一番沢山の入館者や閲覧者のある時刻に、最大多数の館員を閲覧に動員して、最小頻数の場合には最小の人員を配置することは、図書館経営の利巧な方法である。そこで（1）

から（5）までにあげたような調査事項は、年間を通じて適宜適時に実施する必要があろう。大都市や大都市近郊の郊外電車の実施する交通調査もまた、図書館のこのような動態調査と似ているると思う。

調査の方法は、毎日の閲覧票または入館証を改札で入館者に手渡す時刻と、退館する時にその時刻を記入しておいて、後でその閲覧票または入館証を一時間毎を単位として集計すればよい。学校図書館などで特別に公共図書館の場合のように受付を行わないところでは、上述の方法を出納台で行う。集計の結果はまず数表に作製し、次いで統計図表に作製すると、色々と面白い結果が現われて図書館経営の実際的参考となる。

以上のような図書館利用の動態調査の他に、次のような実態調査も必要である。

6．不閲者数調査

7．不在図書の調査

不閲者数というのには二種類がある。一つは図書の閲覧を申し出たにも拘らず、図書が不在のため閲覧の出来なかった人の数であり、他の一つは最初から図書館の図書を閲覧する目的で入館したのではなく、他の目的のために入館した不閲者の数である。最初の方の不閲者数は（7）の不在図書と密接な関係がある。すなわち閲覧を申し込んだ図書が、何らかの理由で書架の所定の位置に存在しなかったために閲覧することが出来なかった場合である。

不在図書の原因については色々な場合が考えられる。この原因を確かめる調査は、経営統計の中でも重要な部門に属するであろう。今不在図書の現われる原因について、考えられるものをあげてみると次の通りである。

A．紛失のため

B．行方不明のため

C．他の人が閲覧中または館外帯出中、または製本修理中のため

D．排架の間違いのため

E．分類の誤りのため

F．カードの繰込の間違のため

G．除籍手続未了のため

H．館外帯出後の事務処理不充分のため

上述の諸原因の中（C）の他人が閲覧中または帯出中か、あるいは製本修理中のためという原因以外は、その大部分が図書館側の手落ちである。充分に戒心を必要とする。不在図書の調査の方法としては、別に特別の調査方法や実施期日を定めなくとも、日々の閲覧票を利用すればよい。その原因が上述の（C）である場合には、複本を多数備えつけるとか、製本修理を急ぐことによって解決する。ただ開架式の場合は特別に投書箱を設けるとか、閲覧者の申し出を記録したり、時々書架目録と現物との照合による在庫調査などをする必要がある。

このような不在図書から生じる不閲者の処置は、複本を備えつけることなどによって救うこ

とが出来ても、入館した最初から図書館の図書を閲覧する目的を持たない不閲者は、図書館としてもその取扱上困ったものである。このような不閲者を場所的不閲者という。学校図書館や大学図書館などでは、殊に試験期にはこの場所的不閲者が増加する傾向にあるために、一般の利用者の座席が奪われ易い。この対策としては別室を設けて一般閲覧室への入室を断る以外に方法がなかろう。閲覧票または入館証を発行しない学校図書館などでは、試験期などにおいて時々場所的不閲者の入館実態調査を実施して対策を講ずる必要がある。

不在図書については図書館職員養成所教官の服部金太郎氏が、『図書館雑誌』昭和二十七年一月号に「不在図書と複本について」と題して、興味ある論文を掲載している。それによると図書館活動の最も盛んなアメリカのミシガン大学でもすぐ貸出されたものは全体の60・8％で、貸し出せなかったものは27・4％もあるということである。

8．図書の被害統計

図書館道徳が低いために、図書の盗難・紛失などの被害が出ることは、図書館関係者として遺憾《いかん》に思う事柄である。しかしこれらの被害は必ずしも閲覧者ばかりの手落ちだということの出来ない場合もある。そこで、ここではこれらの被害の出るあらゆる場合について、その主な原因を列挙してみた。

A．帯出者の転貸

B．帯出者の置き忘れ

C．帯出者が盗難に遭遇
D．延滞が度重なり返却困難、または延滞料が嵩んで紛失と称して弁償を申し出
E．自己の所有とするために紛失と称する
F．図書館員の無断無手続借用または転貸
G．事務的手違いのための回収洩れ
H．天災などの不可抗力
I．巡回文庫など輸送途中の事故

これらの諸原因は、いつも適確に調査出来るというわけのものではない。あるものは紛失届などの記録により、他のものは偶然の機会に発見されるに過ぎない。しかしいずれにしても将来除籍手続の際に、その理由を究明する必要のあるものであるから、日頃から注意することが肝要である。中でも一番戒心《かいしん》しなければならないことは図書館員による無断無手続の借用または転貸である。

なお被害統計には、この種の調査の他に、次のような調査項目も考えられる。

A．紛失図書の分類別冊数
B．紛失図書冊数と閲覧冊数または蔵書冊数との比率（年間）
C．切抜などによる被害統計
a．被害枚数　　b．被害種別（文章か絵画か統計表かなど）

D. 被害の月別統計（和書洋書別）
E. 汚損調査
F. 紛失汚損に対する弁償方法（他館との比較）

9. 閲覧頻数調査（閲覧度数）

閲覧頻数の調査はいわゆる複本備付の資料となるものであり、また図書選択への参考資料ともなる。閲覧頻数の調査基礎となるものは閲覧票である。この場合の頻数は請求度数を以って集計する。したがって図書不在の場合であっても算入される。閲覧頻数の調査は、個々の図書の請求度数の調査であって、部門別や分類別の度数ではない。なお度々読まれ講読される図書としては、次のような方法で調査すればよい。

1. 絶えず利用される図書は何か。それは一箇月間に何度くらい請求されるか。（頻数の多い図書から二〇点くらいあげる）
2. 最近絶えず読まれるようになった図書は何か。それは一箇月間に何度くらい請求されるか。
3. それらは次のどの項目に当てはまるか
A. 最近起こった事件とか、社会情勢に刺激されて読まれるようになったもの。
B. ある著者のある近刊が好評を博したため、同一著者の他の図書が読まれるようになったもの。

C．学校図書館では、学科目との関係において読まれるようになったもの。

D．試験期や論文作成期間中だけ利用されるもの。

もっとも複本を沢山備え付けるということは、それだけ蔵書構成の上からは不利を来たすわけであるが、しかし見向きもされない図書を、蔵書比率にこだわって、万辺なく買い集めるという事よりは有効である。なお読書大衆は極めて雷同性《らいどうせい》に富むもので、ベスト・セラーズとか時局物とかきわ物には興味をもつものであるから、複本備え付けには充分慎重を期さねばならない。

10．参考事務統計

参考事務係の足と頭とによって、図書館利用者の省労に協力し、その要望に応えることは近代図書館経営の最も重要な役目の一つである。したがって参考質問として申し出たものは記録にとどめておいて、将来の参考に資するとともに、同じ種類の質問に対しては直ちに応答の出来るよう文献を調査し、あるいはまた参考目録を作製しておく必要がある。このような意味から参考質問の記録を基とした統計の作製について、その必要性を特に強調したい。

参考事務統計の作製要項は利用統計の項目と似通っている。例えば質問者の職業別・年齢別・性別・住所別・分類別質問内容・口頭書面電話などの質問方法の種別・月別または年別質問回数などの形式的な項目である。ただ参考質問統計で注意しなければならない点は、参考質問に対して充分な回答をなし得たか、あるいは充分な回答をなし得なかったか、もし充分な回答をなし得なかったのであれば、その回答はいかなる程度であったか。全く回答が出来得なかったのであるか。それとも不充分ながらほぼ回答し得たのであるか。全く回答し得なかったのであればそれは何故か。それは資料の不足によるのか。それとも参考係の未熟に原因するのであるか。他の図書館の図書館資料について連結の途はなかったのかなどである。これらは絶えず参考係において記録しておいて、将来の反省資料に資する。

参考事務統計については神戸市立図書館の山田勝美《やまだかつみ》氏が、昭和二十六年十一月発行の神戸市立図書館報『書灯』に、「当館におけるレファァレンスワークに就て」と題して、興味ある数字を挙げている。

また初入館者の質問事項の調査や入館者の図書館への希望調査、あるいは児童生徒の読書指導の実態などの調査も、継続的に実施することが望ましい。

11．目録の種類とその利用の難易についての調査

目録には著者目録、書名目録、件名目録、分類目録と、著者書名件名目録の混合形式として辞書体目録がある。辞書体目録は最も進歩した目録組織だと云われているが、実際の利用に際しては果たして便利であろうか。アメリカでは目録室のスペースの関係上、辞書体目録についての再検討が行われているということである。一般公共図書館では辞書体目録が便利であり、学術図書館では著者目録が一番よく利用されるという。ところが日本では完全に辞書体目録の編成されている図書館は極く少なく、ようやく件名目録に着手し出した図書館が多い有様であ

る。したがって現在においては目録利用の便利さの検討は、著者書名件名分類が各々独立して編成されている分割目録について行われなければならないであろう。

次のそれぞれの数字は、昭和二十五年三月同志社大学図書館で実施した目録利用の難易についての調査の結果である。発問の形式は次の要項に拠ることとし、閲覧票の裏に謄写印刷して実際の請求に当たって回答を求めた。

1. 利用し難いカードは何ですか
2. 知っているローマ字綴りは何ですか
3. カードの索引はやさしかったですか、むつかしかったですか
4. むつかしかった理由は何ですか
5. どの目録を使ったか

以上の質問中、目録の種類とその利用の難易についての結果は次の通りである。

1. 利用し難い目録の順位としては、件名目録一七八（36％）、分類目録一二二（25％）、著者目録九〇（18％）、回答なしが一〇一（21％）
2. 知っているローマ字綴りとしてはヘボン式三〇六（67％）、訓令式一五二（33％）（ちなみに同志社大学図書館では訓令式を採用している。）
3. カード索引の難易については、むつかしいとしたものが一〇九（24％）、やさしいとしたものが三〇八（75％）

4. カード索引の困難な理由としては、（1）排列七九（66％）、（2）書式一七（14％）、汚損一四（12％）、（4）印刷一〇（8％）

5. どの目録を使ったかについては、著者二四〇（15％）、分類九八八（63％）、件名二三九（15％）、開架式利用一〇〇（6％）、なおこの場合の開架式というのは、特別閲覧室の辞書類の利用を指している。

12. その他

A. 図書閲覧票の誤記調査

例えば学校図書館などで、次のような項目で調査して、図書館科の指導の参考とする）

1. 誤記閲覧票の総数
2. 無記入または誤記の内容（頻数）
   - a. 月　日
   - b. 学年組名
   - c. 男女性別
   - d. 氏　名
   - e. 著者名
   - f. 書　名
   - g. 請求番号
   - h. 記入位置
   - i. 右書（ただし横書の場合）
3. 閲覧票総数
4. 誤記票の率（％）

B. 読みの程度の調査（例えば公共図書館などで、一冊の図書がどの程度に読まれているかの調査をする）

第19図　読了率　ディックおよびベレルソン調査（一九四八）
（バーナード・ベレルソン著：ザ・ライブラリーズ・パブリック　一九四九刊）

現実の読みの程度	小説	非小説
読み通す	83％	36％
半分またはそれ以上	7％	23％
半分以下	7％	37％
全く読まない	3％	4％

C. 健康と読書量の調査

学校図書館などで児童や生徒の発育概評を上・中・下の三段に分け、それぞれの読書量の比較を行ってみることも興味ある問題である。大体頑健な者と虚弱な者は、健康の中等度の者に比して読書量は少ないのではなかろうか。しかも、同じく読書量が少ないと云っても、その内容を異にし、頑健な者は研究心と熱心さを欠くのに対し、虚弱な者は篤学《とくがく》の熱意に燃えているのではなかろうか。これらの点については実際研究家の調査にまたねばならない。

Ⅳ　運営に関係のある統計

出来る限り経費を節約して図書館を経営することは、経費の潤沢でない現在の図書館界にとっては、否応なしにたどらねばならない運命の道である。しかし要るだけの用品は要るのであって、いかなる方面にいかなる程度の経費を要するかは、絶えず数字の面から科学的に調査する必要がある。科学的な調査資料をもたずに経費を要求しても、予算をとることは出来ない。

図書館の運営についても同様のことが云える。例えば図書の選択に際して、あらかじめ部門別の図書購入率を決めておいても、図書出版の現状を調査する事なく図書選択が行われるならば、ある部門は多数の出版物から優秀な図書を選び出すことが出来ても、他の部門では少数の出版物の中からつまらない図書を選ばなければならないことになる。また地域社会の読書傾向や全国的な読書実態を無視した図書館運営は、的はずれの運営となる。

このような意味から、経費の面でも運営の面でも、絶えず科学的な実態調査を行うか、あるいは色々の資料を入手して、それらに対する充分な検討を加えながら正しい図書館運営に進むべきであろう。今までの日本の図書館界は、あまりにもこの方面において無関心ではなかったであろうか。

１．図書整理費の原価計算

図書整理費の問題については金光図書館報『土』第一九号（昭和二十六年十二月刊）に、居石文夫［居石正文《おりいしまさふみ》？］氏が「図書整理費原価計算のこころみ」と題して、高松市立図書館の図書整理費の原価について、極めて興味ある調査報告をしている。それによると、昭和二十六年四月一日から同年八月三十一日までの期間に整理された図書総冊数は、新聞の合綴および雑誌の合本を含めて二、〇七八冊であり、整理専任職員男子二名の五箇月分の本俸諸手当は一五、七五〇円で、一冊あたりの人件費は三七円八九銭となっている。この他カード代や新聞代を含めると、一冊あたりの整理費は四三円五六銭であると。

２．目録用カードの所要枚数[15]

昭和二十四年三月に行った同志社大学図書館での目録用カードの所要枚数の調査では、書名カードを除いて図書百冊につき次のようになっている。

	和書	洋書
第一回	八三三枚	八〇六枚
第二回	八七〇枚	七五四枚
第三回	八〇二枚	七八六枚
平均	八三五枚	七八二枚

これらの数字は事務用閲覧用の合計枚数で、目録の種類は書名を除いた著者・件名・分類の三種類である。したがって書名の事務用・閲覧用を加えると、ほぼ百冊につき和洋とも百枚と

いうことになり、一冊平均十枚となる。しかし実際には一冊平均十一枚くらいではなかろうかと思われる。それというのもこの調査の時には、分出や副出の多い図書が調査対象としてあまり含まれていなかったからである。なおシェルフ・リスト用のカードを加えたり、参照や見出カードや事務用の受入カードを加えると更に枚数は増えて来る。

『図書館雑誌』第四十五年第八号（昭和二十六年八月刊）には、横浜国立大学図書館事務長の団野《だんの》弘之《ひろゆき》氏の図書館大会研究発表として新制大学附属図書館の運営についての記事がある。それによると、

昭和二十五年度の実績では毎月大体五〇〇冊ずつ入っている。この作業に要する人員は百冊について延べ三〇人が標準となっている。作るカードは一冊について平均二五枚となっている。それは辞書体目録は一冊平均四枚、それから五組（本館、学芸、経済、工学、立野）で二〇枚、更に事務用その他の目録ということになって二五枚となるわけだ。論文集、叢書、全集、講座などになると一、〇〇〇枚、二、〇〇〇枚を印刷せねばならぬ時がある。すなわち五〇〇冊の中には必ずこの種の図書が二・三種あるので、月一万枚ないし二万枚のカードが必要である。

以上の例によっていかに目録用カードが多数要るかがわかる。この発表は同志社大学図書館の場合と違って、頭の中で考えられた概算に過ぎないが、予算の編成などに際しては、この種の考え方を基礎にすれば、年間の所要カード枚数が推算出来るから、年間所要カード代の算出

に役立つことも出来る。なお一図書に幾つの件名がつけられるかという問題は図書館人にとって興味ある問題であるが、青年図書館員連盟編の日本件名標目表（昭和二十四年十二月刊）の巻末に、附録として掲載されている西藤寿太郎《さいとうじゅたろう》氏の訳によると、シアーズの「件名標目作業の初心者に対する実際的指示」中（同書第四四八頁）、次のような記事がある。

一図書一件名　七八八（63％）
一図書二件名　三五八（29％）
一図書三件名　七六（６％）
一図書四件名　一六（１％）
一図書五件名　三
平　均　一・四六

上の例によってみると、件名というものは、むやみに沢山つけられるものでないことが統計的に明らかとなった。もっともこれは件名分出を行っていないので、件名分出を行う場合の多い学校図書館や公共図書館の児童室などでは、更に件名カードの枚数は増えるものと思われる。ちなみに件名目録のカード枚数と件名標目の数や、参照カードと見出カードの枚数、および件名目録の利用頻度などの詳しい実際的調査統計については、日本図書館研究会機関誌『図書館界』第３巻第３号（昭和二十七年二月刊）に、山下栄《やましたさかえ》氏が「件名目録の精密調査」と題して、神戸市立図書館における実態調査の結果を、詳細に掲載しているから参照されたい。

3. 製本統計

製本には新聞雑誌の合本合綴と破損図書の修理製本の二種類がある。その他に仮綴のパンフレットなどを、図書館員の手で、パンフレット・カバーを使用して仮製本とする場合もある。これらは製本伝票を基にして和書・洋書別、新聞・雑誌・図書別の製本統計をとる。これによって年間の製本数や製本費の金額が判るとともに、修理製本の統計数と蔵書図書数との比率を算定して、年間の図書破損率を知ることが出来る。

4. 延滞・亡失・汚損に対する処置についての調査

この調査はいわゆる全国一般図書館統計または府県単位の広域地方別の調査事項の一環として、延滞・亡失・汚損などに対してどのように処置を講じているかを調査し、各図書館の方針決定への一つの資料を提示する目的のために実施するものである。具体的な調査例については『図書館雑誌』第四十六年第一号（昭和二十七年一月刊）に、県立新潟図書館から全国主要公立図書館に照会して得た集計が「館外貸出の事故についての調査」と題して掲載されている。同誌を参照されることを希望する。

5. 地域社会の調査

地域社会とは、一定の地域に居住し一定の文化を所有している特定の社会集団を云う。図書館奉仕はこの地域社会を対象として行われる。普通地域社会とは府県市郡町村などの行政区画を考えがちであるが、本当の意味の地域社会とはこのような人為的なものを指すのではない。

共通の文化と地方意識に根ざした感情的・思想的・生活的に結合された隣接地域の住民から成り立っている。したがって地域社会は自然および社会の変化とともに変化する可能性を持つものである。このような意味の地域社会のあらゆる面を調査することは、図書館運営上是非とも必要である。

地域社会の調査項目については、第一回指導者講習会の『図書館学講義要綱』中の「図書館対外活動」に詳細なものが掲載されているのでここには省略する。

以上の他に職業別・年齢別・学歴別・性別の人口数やその分布状況を調べたり、富の程度や地勢の状況や産業関係を調べる必要がある。また鉄道や電車線路やバス路線などの交通状況を調べることは、直接図書館への連絡登館に関係するから、登館に要する時間の調査などとともに是非とも必要であろう。また出来れば校下または管下の書籍店の分布状況と購買傾向も調査することが望ましい。このことは地域社会の読書関心を知る上に必要である。なお地域社会の人口や富の程度や産業状態などは直接に調査しなくとも、大抵の場合官公庁出版物や年鑑類で判明するから、それらの資料を利用すればよい。

6. アンケートと専門家調査

アンケートというのは学識や経験のある人に対して、ある問題についての意見なり態度なりを表明してもらう新しい調査方法である。したがって普通に呼ばれている世論調査とは違って、調査対象となる学識経験者の選択は、何ら科学的な根拠に基づいて行われるものではない。もちろんその選択に当たっては大抵の場合推薦母体としての委員会が持たれるけれども、世論調査の場合のように、母集団から確率によって標本を無作為に抽出するというような方法は採らない。そのために、そこに出て来た回答は決して社会全体の意見でもなければ、学識経験者一般の意見でもなく、ただ回答を寄せたその人個人の単なる意見に過ぎない。したがってアンケートの発表には必ず回答者個人の氏名や職種を明らかにすることになっている。

それではこのように非大衆的非科学的なアンケートが、社会調査の一方法として何故浮かび上がって来たかというと、衆愚の意見を排して権威者の意見を知りたいという目的によるものである。すなわちある問題に対する意見なり態度に、客観的な権威性を持たしたいからである。したがってアンケートの方法は、単なる学識経験者を対象とするのではなく、少なくともある問題そのものについての専門的学識経験者を対象とする場合が多い。医学者に法律の意見を聞くよりも、法律の問題は法学者に聞いた方がより専門的な立場からの回答が得られるからである。このようにある専門家にその専門家の専門とする事項について回答を求める場合を、専門家調査という。

専門家調査は指導や啓発的な要素を含んだ問題について、その問題に関する専門的立場から権威ある意見を述べてもらうという新しい分野である。したがってその問題については専門家でなければ答えられないものを取りあげるのが普通である。そこには多分に世の中を啓蒙啓発する意味が含まれている。しかも大衆は対立的な意見を有する個人と個人の意見の相違などを、このような方法で知ることを望んでいる。

回答された意見なり見解なりは、比率の大小によって価値づけられることをしない。すなわち数量に変形される事なく、回答のままの文章で発表される。これは意見なり見解なりの相違の微妙な点を、明らかにするためであって、世論調査と異なる点である。しかし実際は簡単な質問で具体的な意見や見解を出させることは困難で、殊に大概は面接法を採らないで郵送法を採るために、尚更この困難さは増加する。

このように専門家調査は、新しい調査方法の一つとして最近特に採用されるようになったが、地域社会での図書館に対する意見なり見解なりの調査では、いつも図書館学的な専門家が得られるというわけのものでもないから、したがって図書館で行うアンケートとしては、勢い専門家調査というよりはむしろ普通のアンケートの実施ということになるであろう。

アンケートの実際例については、日本図書館協会から出版されている『読書相談』第３巻第９号（昭和二十六年十月刊）に、一つの例が掲載されている。

それによると質問対象は画家・文芸評論家・作家・科学者・中国研究家・歴史家・大学教授・文学者など多数を挙げている。この場合のアンケートは多分に図書館宣伝または図書館のＰＲ活動の性質を持つものであることは、質問そのものによって明らかである。

７．出版状況調査

出版状況の調査は、主に図書選択への参考資料を得るためのものである。出版界の状況は現在どうなっているか。どんな種類の図書がどんな出版会社から出版されているか。有名な著作家にどんな人がいるか。前回のベスト・セラーズは何々であったか。文化賞を受けたものに何々があるか。これらの事柄は図書選択者の立場から是非とも知っておかなければならない事柄である。しかしこれらの事柄は、一図書館の力によっては到底調査し尽くせるものではない。したがって絶えず出版関係の新聞・雑誌・図書に注意して居る必要がある。例えば図書新聞や出版ニュースや出版年鑑や図書総目録などである。

ベスト・セラーズについては、毎日新聞社の読書世論調査の書店調査の他に、出版ニュース社調査の全国五十一書店の各目ベスト5を記録集計したものや、読売新聞社の調査の良書ベスト・テン決定大衆投票がある。

以上の他映画化された作品とか、各種の年鑑とか、出版関係の一年間の歴史とか、廃刊休刊の雑誌とかの出版関係の状況については、絶えず関心を持つことが肝要である。

8．推薦図書

月々発刊される幾千幾百の図書の中から、何を良書としてその図書館の備え付け用に選択すればよいかについては、いつも図書館人の悩みとするところである。そこで図書館人は新聞や雑誌の新刊評を読んで、図書選訳の一つの目安とする。しかし新刊評の大部分は、同じ専門の畑の人によって書かれ、著者に向かってての批評が多い。この場合の批評においては読者というものが無視されている。したがってこのような批評は、自分の優越を示すために体よく扱った野心的な批評であるか、または自分の利益を考えての仲間誉めの批評が多い。したがって肝心の読者とか図書館の立場などは少しも考えられていない。

新刊評とか新刊紹介が仲間誉めの商業主義に立脚するために、真面目で地味な学術研究的なものは少しも省みられない。ここに誇大な広告と営業政策から来る新刊評の邪道が潜んでいる。新刊評に迷わされず誇大な広告に惑わされず、真の良書は何かを示してくれるものに推薦図書がある。

推薦図書は多くの場合良書推薦委員会などの手によって選定される。そこに会合する委員はそれぞれの分野での専門家が多い。彼らは彼らの名誉とか利害を超越する。したがってそこで推薦されたものは比較的に良心的である。推薦良書はこのような意味において価値あるものである。読者は数多く出版される図書の中から、どれを読むべきかを知りたがっている。図書館もまた数多く出版される図書の中から、どれを選んで購入すべきを知りたがっている。それらに応えるものは推薦図書である。しかし図書館のこのような態度はあまりにも自主性がないと非難されるかも知れない。けれども地方の小図書館や学校図書館などでは、現物を検討しないで、販売目録や新聞雑誌の広告で図書選択を行うことの危険を充分に知っているからこそ、推薦図書目録のような目録に頼らざるを得ないわけで、図書館員が良心的であればあるほど、そうならざるを得ないものと思う。

図書の推薦事業を行っている団体には、日本図書館協会・学校図書館協議会［註・日本図書館協会は二〇一五年度をもって図書の選定事業を中止した。一方、全国学校図書館協議会は『学校図書館基本図書目録』を二〇一五年に休刊としたが、選定事業は継続している」・日本放送協会・中央児童福祉審議会・児童文学者協会などがある。また以上の他に各地方にそれぞれ推薦団体がある。著者の関係している京都図書館協会でも毎月良書推薦を行っている。

推薦された図書目録は何らかの方法で周知される。例えば選定図書目録を刊行したり、機関誌に発表したり、ラジオや新聞で公表したりする。このようにして発表される推薦図書そのものについては、一応検討してみなければならない。それは推薦された個々の図書については異議がないとしても、推薦図書群としての集団性そのものに対しては、図書館的な立場から異議があるからである。すなわち各部門の図書の推薦にはそれぞれの専門家が当たっていても、審査の標準なり目安なりは委員ごとに異なっている。したがってそこに推薦された図書群は何らの体系も成していない。このような意味から推薦図書を眺めないと図書選択の方針に誤りを来すであろう。

第20図第21図は、ともに日本図書館協会から出版された選定図書総目録（一九五一年度）に掲載されている統計表である。選定された図書数が出版された図書数に較べて非常に高率であることは、総花的《そうばなてき》意味を含めたものとして解釈する必要があろう。図書の背に帯封を施して「日本図書館協会選定図書」などとある時には、誰しも無反省に入手したがるものであるけれども、図書館人が図書館に備えつけるために選択をする時には、消極的に「良くもなし悪くも

なし」といったものを選ぶのでなく、「より良い図書を」あるいは「最も良い図書を」選ぶようにしたいものである。このような意味から推薦図書を統計的に見ることは非常に大切なことである。統計的に見るということは、推薦された個々の図書そのものの質の検討を意味するとともに、推薦された図書群としての図書の集団に対しても数的な批判の眼を向けることを意味する。

第20図　昭和二十六年　年間、出版図書、選定図書　月別統計

（日本図書館協会　一九五一年度選定図書総目録）

	出版図書数	選定図書数
1月	574	127
2月	610	182
3月	717	215
4月	635	152
5月	679	186
6月	660	196
7月	485	162
8月	512	154
9月	554	187
10月	572	181
11月	528	184
12月	509	214
計	7,035	2,143

註：右の調査は日本出版販売株式会社より提出された図格のみで行った。

第21図　昭和二十六年　年間選定図書分類別統計
（日本図書館協会　一九五一年度選定図書総目録）

	一般	児童
000	18	10
100	101	8
200	108	50
300	356	16
400	228	90
500	63	12
600	102	11
700	137	39
800	44	20
900	710	29
J	—	136
Y	—	10

註：Jは児童読物（童話など）、Yは幼児向絵本

第20図は第21図の年間出版数と比較してみる必要がある。少ない出版物の部門から、少ない選定図書が選ばれる場合と、同じく少ない出版数の部門から多く選ばれる場合とでは違った意味を持つからである。このような比較表を数年間継続して作製してみると、推薦委員会そのものの傾向が判然として来るに違いない。

このような意味からそれぞれの図書推薦団体も、色々の方面から推薦図書についての統計表を作製して、いつも反省資料に資すべきであろう。例えば学校図書館向良書推薦を実施する推薦団体では、第20図の月別や第21図の分類別の他に、第22図のような統計表を作製することも

一つの方法である。そこに現われた統計数は必ず何らかの意味で、その推薦委員会の反省資料となるに違いない。

第22図　小学校図書館向推薦図書統計表

学科＼級	初級	中級	上級	合計	%
国語					
社会					
算数					
理科					
音楽					
図画					
工作					
家庭					
体育					
その他					
合計					

昭和　年　月　日

9. 図書館活動の評価

個人の知識や能力を試験したり、人物の評定を行う口頭試験や論文試験は、既に古くから行われている。しかし従来の方法が極めて主観的非科学的であったために、いわゆる客観的・科学的なものにしようとする運動が起こって来た。個人の場合と同じように図書館活動の評価についても、客観的・科学的な評価が必要である。

図書館経営が地域社会の大衆に対して（学校図書館の場合は教師や児童）図書館資料を通じての奉仕という目標に向かってて意図的に行われる限り、常にそこには反省を伴うものでなければならない。しかしこの反省が主観的な自我水準でなされる場合は、図書館活動は偏向する。したがってそこにはより客観的な立場からの批判を必要とする。

長さや重さや広さの測定には、メートルとかグラムとか平方メートルなどの基準単位があれば数量として表すことが出来るが、しかし図書館活動の成果はこのような基準単位を持ってくることが出来ないから、判定は大変困難である。だからと云って簡単に推定したり主観的判断に終わったならば、科学的であるということは出来ない。科学的でない評価からもたらされた結果については、強い反省資料を求めることは出来ない。

図書館活動の評価には、評価される対象と評価の尺度を必要とする。評価の尺度というのは評価する人の価値の尺度である。したがって図書館活動の評価とは、例えば図書館資料の蒐集方針は良いか悪いか、図書館設備は望ましい状態にあるか望ましくない状態にあるかなどの価値判断をすることである。この場合前者の評価の尺度としては例えば蔵書の構成は妥当か、委員会制度を採っているか、図書以外の資料も集めているかなどが考えられる。後者の評価の尺度としては、例えば図書館の位置は便利な位置にあるか、通風、採光、照明、防音、暖房などに留意されているかなどが考えられる。

このような図書館活動の評価の目的は、云うまでもなく図書館経営とか図書館資料の運用への反省を求める点にある。図書館活動が正しく且つ効果的に行われていないことが明らかとなった場合は、その原因を追求して急速に改善しなければならない。それは経費の上からの問題である場合もあれば、図書館員自身の問題である場合もある。

図書館活動の評価の対象には次のような項目が考えられる。

1. 図書館資料
2. 図書館の建物設備
3. 図書館の経費
4. 図書館の職員組織および事務機構
5. 図書館の運営と利用
6. 図書館の対外活動
7. 図書館教育

以上は羅列的に記載してみたのであるが、更に深く考えてみると上記以外の項目がいくらでも思い浮かんで来るであろう。
評価の計算方法としては次のような方法を採るとよい。
A．極めてよい。かなりよい。普通。やや悪い。極めて悪い。
B．よくやっている。普通。あまりやっていない。
（A）の方は五段階に分ける方法であり、（B）の方は三段階に分ける方法である。これらは1・2・3……というような品など段階で示すか、量的表現を採って（＋）・（0）・（－）または（+2）・（+1）・（0）・（-1）・（-2）のような表し方を採る。そのいずれを採用するかについては、解釈が容易であり且つ有効に利用し得ることが条件となる。個々ばらばらの結果は客観的な資料とはなり得ないから、それらをまとめて相互連関的に見られるよう記録されなければならない。このような意味から（＋）・（－）で表示する五段階法が好ましい。これは大概の場合0の段階に多数が集まるようになるからである。
それでは現実に図書館活動の評価について発表されたものはなかろうか。我が国においては未だこの種の評価方法と評価項目についての研究的な文献は見当たらない。ただ僅かに実教出版株式会社から出版されたところの、文部省内学校評価基準作成協議会編『中学校高等学校学校評価の基準と手引』（昭和二十六年六月刊）の中に、66頁から71頁にかけて、図書館活動の評価活動が掲載されているに過ぎない。図書館人は是非とも一読されることを希望する。（完）

索引

かな

[著者]：小畑 渉（おばた・わたる）

図書館学者、図書館司書。京都府生まれ。京都師範学校二部（現・京都教育大学）を卒業し、京都市七条小学校に勤務。1939 年から同志社大学図書館に勤務。「書物研究会」及び「同志社大学図書館学研究会」の有力メンバーとなる。戦後は同志社大学図書館学講習所の講師として、図書館司書講習制度の確立に貢献した。日本図書館研究会評議員、私立大学図書館協会関西役員、京都図書館協会監事、高知大学および徳島大学司書講習講師を歴任。統計学を得意とし、日本の図書館における本格的な統計学の応用に大きな役割を果たした。（1908―1958）

日本近代図書館学叢書《にほんきんだいとしよかんがくそうしよ》 5

図書館《としよかん》の統計《とうけい》

平成 29 年 9 月 7 日初版第一刷発行
著　者：小畑《おばた》 渉《わたる》
発行者：中野 淳
発行所：株式会社 慧文社《けいぶんしゃ》
〒 174-0063
東京都板橋区前野町 4-49-3
〈TEL〉 03-5392-6069
〈FAX〉 03-5392-6078
E-mail:info@keibunsha.jp
http://www.keibunsha.jp/
印刷所：慧文社印刷部
製本所：東和製本株式会社
ISBN978-4-86330-178-8